[감사설교집]

감사습관을 만드는 행복 프로젝트
감사하면 행복해집니다

심수명 지음

• 목 차 •

추천사

설교집을 내면서

감사의 원리와 방법

1. 원리: 범사에 감사하라 | 14
2. 방법: ① 감사를 계속 연습하라 | 25
　　　　② 감사일기를 쓰라 | 38

감사의 내용

1. 하나님의 은혜에 감사합니다 | 48
2. 신령한 복 주심에 감사합니다 | 59
3. 나의 존재에 감사합니다 | 67
4. 교회를 주셔서 감사합니다 | 77
5. 헌신할 수 있게 하셔서 감사합니다 | 87
6. 기도하게 하셔서 감사합니다 | 103
7. 나라를 주셔서 감사합니다 | 113

감사의 실천

1. 먼저 감사하겠습니다 | 124
2. 감사의 제사를 드리겠습니다 | 133
3. 기도함으로 감사의 삶을 살겠습니다 | 142
4. 용서함으로 감사의 삶을 살겠습니다 | 158
5. 남편에게 감사거리를 만들어주겠습니다 | 171
6. 아내에게 감사거리를 만들어주겠습니다 | 181
7. 부모에게 감사하겠습니다 | 192
8. 자녀에게 감사하겠습니다 | 203
9. 영적 스승에게 감사하겠습니다 | 213
10. 직장에서 감사의 삶을 살겠습니다 | 223
11. 바울의 감사를 본받겠습니다 | 234
12. 욥의 감사를 본받겠습니다 | 243

• 추천사 •

김성곤 목사(풍성한 교회 담임목사, (사) 두날개선교회 대표)

"범사에 감사하라"

성도라면 이 성경구절은 누구나 다 알고 있을 것입니다. 하지만 이것을 실천하기가 얼마나 어려운지요? 오랫동안 사랑하고 존경하는 동역자로, 그리고 마음을 나누는 가까운 친구로 지내 온 심수명 교수님께서 감사 설교집을 출간하심으로 이 문제에 대하여 아주 명쾌하고도 시원하게 해결책을 제시하셔서 얼마나 감사하고 고마운지요!

심교수님은 한국 교회에 훌륭한 상담가와 교수로 알려져 왔습니다. 그러나 교회를 개척하여 25년 동안 상담목회로 훌륭하게 이끌어 오신 목회자이기도 합니다. 실제로 심교수님이 담임목사로 섬기고 있는 한밀교회는 오랜세월 함께 동고동락한 평신도 지도자들과 함께 상담목회와 인격목회로 성공한 교회로서 한국교회의 많은 목회자들이 벤치마킹하고 싶어하는 교회입니다.

목회자와 상담자, 그리고 교수와 훌륭한 저술가로 활동하고 있는 심교수님이 이제 감사 설교집으로 또 한번 우리들에게 기여를 해 주시는 것에 대해 박수를 보냅니다.

저는 친구로서 심목사님께서 설교하는 것을 오랫동안 관찰해 왔습니다. 심목사님은 본문의 말씀을 핵심적으로 잘 전달하면서도 적절한 예화를 활용하여 하나님을 만날 수 있도록 접근하는 것이 특징입니다.

이 설교집도 성경에 뿌리를 두고, 본문에 대한 충분한 배경 설명을 바탕으로, 재미있으면서도 실제적인 접근과, 치유와 회복에 초점을 둔 상담 설교의 전형적인 패러다임을 보여주고 있습니다.

누구나 이 설교집을 읽는 것만으로도 하나님을 만날 수 있고 은혜를 경험할 수 있을 것입니다. 그리고 감사거리가 생각나고, 감사를 연습하여 습관화하고 싶은 마음이 생길 것입니다. 또한 깊이와 재미가 있어서 한번 읽으면 계속 빠져들게 되며 한편의 설교를 끝마칠 때면 깊은 감동을 체험하게 될 것입니다.

감사는 하나님께서 우리 성도들에게 명령하신 말씀입니다. 이 설교집을 통하여 범사에 감사하는 습관이 우리 모두에게 생겨나기를 간절히 바랍니다. 더 나아가 저자의 말대로 감사의 인격이 생겨나길 바랍니다.

이 글이 그런 기여를 충분히 할 수 있을 것으로 믿어 의심치 않아 아주 기쁜 마음으로 이 설교집을 추천합니다.

• 추천사 •

김형준 목사(동안교회 담임목사, (사) 동안복지재단 이사장)

목회를 하는 목사가 설교집을 낸다는 것은 자연스러운 일입니다. 그런데 심수명목사님의 경우는 조금 다릅니다. 오랫동안 한국교회에 상담학과 심리학 분야에 많은 공헌을 해 오신데다가 학자로서, 상담 임상가로서 활발하게 활동하시는 분이기 때문입니다.

심교수님은 그동안 전공 분야의 연구와 강의로 많은 분들 사이에서 목회자보다는 교수와 상담전문가로 알려졌습니다. 그런데 이번에 감사 설교집을 내었다는 것은 오랜 기간동안 상담과 목회를 통해 얻은 학문적 통찰과 임상결과, 그리고 목회적 경험을 설교를 통해 통합해보고자 하는 시도로 보여 얼마나 감사하고 반가운지 모릅니다. 이 설교집은 하나님 말씀인 성경에 기초를 두고, 학문과 임상적 결과로 얻게 된 인간이해를 통해 만들어졌습니다.

먼저 감사의 원리와 방법에 대해서 성경적 뿌리를 두고 일반적으로 이해하기 쉽게 이론적 근거를 제시하고 있습니다. 그리고 무엇을 감사해야 할 것인지 그 내용을 다양하고 폭넓게 다루고 있습니다. 나아가서 어떻게 감사를 실천할 것인가를 자세하면서도 실제적으로 소개하고 있습니다.

우리 삶에 감사만큼 중요하고 필요한 것은 없습니다. 우리 삶의 변화를 가장 민감하게 그리고 빠르게 감지할 수 있는 것은 감사하는 마음입니다. 그럼에도 불구하고 가장 하기 어려운 것이 감사이며, 감사를 한다고 하더라도 이것이 습관이 되고 성격의 한 부분이 된다는 것은 결코 쉬운 일이 아닙니다. 어려운 현실 속에서 감사하는 마음을 갖기까지 그 여정이 결코 쉽지 않으며, 더 나아가 감사가 생활 속에서 나타나고 실천되어져 습관으로 이어진다는 것은 불가능한 것처럼 보입니다.

심교수님의 이 설교집은 이러한 실제적인 이해를 바탕으로 쓰여졌습니다. 그래서 그런지 이 글 속에는 감사를 깨닫고, 느끼고, 생활 속에서 구체화할 수 있도록 하는 힘이 있습니다. 심교수님은 이 책을 통해 우리의 삶과 현실을 재해석하게 하며, 감사를 깨닫게 하고, 감동의 고백으로 인도해줍니다. 그리고 그것이 나만의 것이 아닌 가족과 이웃에게까지 전달되도록 격려와 훈련으로 나아가게 합니다. 감사는 자신의 가치와 존재의 의미를 아는 사람의 깨달음의 열매입니다. 그리고 자신에게 주어진 삶이 은혜임을 고백하는 사람만이 진실로 느끼는 감동입니다.

성도들에게는 이 책이 강단에서 선포되는 말씀을 듣는 혜택을 줄 것입니다. 각박하고 힘든 세상 속에 우리가 진정 회복해야 할 감사의 단비를 이 책을 통해 함께 누렸으면 좋겠습니다.

설교집을 내면서

"항상 기뻐하라 쉬지 말고 기도하라 범사에 감사하라 이것이 그리스도 예수 안에서 너희를 향하신 하나님의 뜻이니라(살전 5:16-18)"

'감사'하면 생각나는 성경구절은 당연 이 말씀입니다. 하나님께서는 당신의 자녀인 우리들이 그리스도 예수 안에서 항상 기뻐하고, 쉬지 말고 기도하며, 범사에 감사하라고 하시면서 이것이 우리를 향하신 당신의 뜻이라고 말씀하십니다.

이 말씀을 가지고 설교도 많이 해보았지만 실제 삶에서 모든 일에 감사한다는 것은 목사인 저로서도 자신이 없습니다. 그러나 이 말씀이 하나님의 뜻이기에 순종하고 싶은 강한 열정이 일어났습니다. 하나님의 은혜를 구하고 기도하면서 "주님, 제가 어느 순간에나 이 말씀대로 살 수 있게 도와주옵소서. 성도들에게도 은혜 주셔서 이 공동체가 범사에 감사하는 부흥의 물결이 일어나게 하옵소서"라고 기도하였습니다.

드디어 2012년 1월에 '감사의 달인 만들기'라는 주제로 21일간의 다니엘 세이레기도회를 시작하게 되었습니다. 범사에 감사하는 것을 목표로 기도하며 말씀 준비를 하는 중에 항상 그렇듯이, 먼저 설교자인 저에게 성령님께서 강하게 임재하시는 것을 느꼈습니다. 왜 범사에 감사해야 하는지, 범사에 감사하는 자가 어떤 복을 받는지 확인하면서 하나님을 향해 소원을 품게 되었습니다.

"감사가 저의 인격이 되게 하시고 감사가 우리의 습관이 되게 하소서."

말씀 준비가 신이 났습니다. 말씀을 전하는 것이 기뻤습니다. 저뿐 아니라 다니엘 세이레 기도회에 참석한 많은 성도들에게도 이러한 감사가 확산되는 것을 느끼면서 성도들의 신앙 수준이 한층 성숙해지는 것을 느꼈습니다. 다시 한번 하나님께 엎드려 감사했습니다.

23년 동안 상담목회를 하면서 상담에 관련된 책이나 상담목회 관련 저서는 그 누구보다 많이 저술하였으나, 설교집 출간은 감히 하지 못하였습니다. 그러다가 이번에 너무나 많은 은혜를 받았기에 그 은혜들을 조금이라도 더 나누고 싶어 용기를 내어 출간을 결심하였습니다. 이 설교집이 '그리스도 예수 안에서 우리를 향하신 하나님의 뜻'대로 살고 싶은 하나님의 자녀들에게 주님께 더 가까이 나아가는 작은 도움의 손길이 되길 두손 모아 기도합니다.

설교 중에 성도들과 나눈 저의 감사를 소개하는 것으로 서문을 마감하고자 합니다.

- 창립 23년이 되도록 교회를 지켜주시고 건강한 교회로 성장하게 하심에 감사합니다.
- 교회가 질적으로, 양적으로 부흥케 하심에 감사합니다.
- 성도들이 예배를 사모하게 하심에 감사합니다.
- 전도에 힘쓰는 교회되게 하심에 감사합니다.

- 좋은 새가족을 보내주심에 감사합니다.
- 이 지역에 좋은 교회로 소문나게 하심에 감사합니다.
- 교역자들이 팀웍을 잘 맞춰 기쁘게 사역하게 하시니 감사합니다.
- 귀한 일꾼들이 장로, 안수집사, 권사, 서리집사, 목자장, 목자, 교육사, 간사, 교사, 성가대, 찬양팀 등으로 헌신하게 하심에 감사합니다.
- 남·여전도회가 열심히 봉사함으로 아름다운 섬김이 풍성케 하심에 감사합니다.
- 주차위원, 안내위원, 식당봉사, 교회 청소 등 많은 봉사자들이 각처에서 잘 섬기게 하심에 감사합니다.
- 모든 행사가 풍성하고 아름답게 진행되게 하시니 감사합니다.
- 재정을 잘 꾸려가고 있음에 감사합니다.
- 설교를 통해 은혜받는 성도가 늘어가고 있다는 소식에 감사합니다.
- 제 몸의 약함과 피곤을 극복하고 기쁘게 사명을 감당하게 하시니 감사합니다.
- 명강사로 선정되어 감사하고, 제가 쓴 책이 문화관광부 학술도서로 선정되어 우수저술자가 되게 하셔서 감사합니다.
- 제 자녀들이 잘 성장하게 하셔서 감사합니다.
- 아내가 더 성숙해져 감사합니다.

독자 여러분들에게도 날마다 감사거리가 넘쳐나길 바라며….

2013년 8월에

범사에 감사하려 애쓰는 하나님의 사람

심수명 목사

감사의 원리와 방법

1. 원리: 범사에 감사하라

2. 방법: ① 감사를 계속 연습하라

　　　　② 감사일기를 쓰라

① 원리-범사에 감사하라

> **| 말씀 | 데살로니가전서 5:16-18**
>
> 16 항상 기뻐하라
> 17 쉬지 말고 기도하라
> 18 범사에 감사하라 이것이 그리스도 예수 안에서 너희를 향하신 하나님의 뜻이니라

만델라는 21세기의 성자라고 불릴 정도로 세계인으로부터 존경받는 분인데 흑인이라는 이유로 생애의 1/3인, 27년을 감옥에서 보내고 70세가 되어서야 출소하였습니다. 출소한 지 3년 후 아프리카민족회의 의장이 되었고, 5년 후에는 노벨 평화상을 받았으며 6년 후에는 남아프리카 공화국 최초의 흑인 대통령이 되었습니다. 그가 27년 옥고를 치르고 나오자 세계의 메스컴은 그를 주목했습니다. 한 기자가 그의 건강한 모습에 놀라며 비결을 묻자 그는 이렇게 대답했습니다.

"나는 감옥에서 늘 하나님께 감사했습니다. 하늘을 보고 감사하고, 땅을 보고 감사하고, 물을 마시며 감사하고, 음식을 먹으며 감사하고, 강제노동을 하면서 감사했습니다. 늘 감사했기에 이처럼 건강을 지킬 수 있었습니다."

사실, 그의 사상, 위대한 인격과 감화력은 감사에서 나왔습니다. 그는 감사하는 마음으로 살았습니다. 그래서 위대한 삶을 살 수 있었습니다. 감옥에서도 감사하고 고난 중에도 감사한 만델라를 보면서 저는 바울이 생각났습니다.

바울은 고린도후서 11장 23절에서 26절까지 다음과 같은 고백을 하였습니다.

> **고후 11:23-36** 그들이 그리스도의 일꾼이냐 정신없는 말을 하거니와 나는 더욱 그러하도다 내가 수고를 넘치도록 하고 옥에 갇히기도 더 많이 하고 매도 수없이 맞고 여러 번 죽을 뻔하였으니 유대인들에게 사십에서 하나 감한 매를 다섯 번 맞았으며 세 번 태장으로 맞고 한 번 돌로 맞고 세 번 파선하고 일 주야를 깊은 바다에서 지냈으며 여러 번 여행하면서 강의 위험과 강도의 위험과 동족의 위험과 이방인의 위험과 시내의 위험과 광야의 위험과 바다의 위험과 거짓 형제 중의 위험을 당하고 또 수고하며 애쓰고 여러 번 자지 못하고 주리며 목마르고 여러 번 굶고 춥고 헐벗었노라

바울은 모든 고난 가운데서 범사 즉 모든 일에 감사하였습니다. 범사란 무엇을 의미합니까? '모든 상황과 환경에서'라는 의미입니다. 즉 모든 상황, 어떤 환경에서도 감사하라는 말씀입니다. 또한 범사는 '사소한 부스러기'라는 뜻이 있습니다. 생활 속에 있는 아주 작은 것, 지나쳐 버릴 수 있는 소소한 사건 속에서 감사하라는 것입니다. 우리의 성품으로 이것이 어떻게 가능하겠습니까? 불가능합니다.

그런데 사도 바울은 고통과 죽음 속에서도 감사를 하였습니다. 전

도를 하느라 옥에 갇히고, 죽을 정도로 매 맞고, 여러 위험과 죽을 고생을 하였어도 교회를 생각하면서 감사하였습니다.

오늘 본문 말씀에서 '항상 기뻐하라, 쉬지 말고 기도하라, 범사에 감사하라'는 말씀 그대로 살 수 있을까하는 의문이 드는 것이 사실입니다. 그런데 바울이 그렇게 살았습니다. 우리 시대의 인물인 만델라도 그렇게 살았습니다. 그렇다면 우리 역시 이 말씀대로 사는 것이 가능하다는 결론이 나옵니다.

성도 여러분, 감사하는 사람은 감사의 인격을 가지고 있기에 범사에 감사가 가능합니다. 인격은 습관에서 나오기에 감사의 습관이 몸에 배어 있으면, 감사가 가능합니다. 그래서 저는 감사가 습관이 되는 삶을 사는 원리와 방법을 살펴보고 은혜를 나누고자 합니다.

범사에 감사하는 습관을 가지기 위한 원리를 살펴봅시다. 범사에 감사하라는 오늘의 말씀은 먼저 일반인들을 대상으로 하는 말씀이 아니라 성도들을 향한 메시지입니다. 일반 사람들은 범사에 감사할 수 없지만 성도들은 범사에 감사할 수 있다는 것을 전제로 하고 있습니다.

하나님께 감사하는 것은 성도에게 있어 마땅한 바입니다. 왜 그렇습니까?

첫째, 피조물인 우리는 창조주이신 하나님으로 인해 이 땅에 존재하며 살고 있기 때문입니다. 우리의 삶의 모든 조건이 하나님께로부터 말미암는다는 것을 알면 감사치 않을 수 없습니다. 나의 인생뿐 아니라 세계의 역사를 누가 주도하십니까? 하나님이십니다. 그 하나님께서 목적과 뜻을 가지고 나를 태어나게 하셨는데 어찌 감사치 않을 수 있겠습니까?

둘째, 그리스도인은 하나님이 주시는 무조건적인 은혜인 예수 그리스도의 십자가로 말미암아 영생과 구원을 얻었습니다. 성도는 예수 그리스도의 십자가의 속죄로 인해 영원한 소망 속에 살아가는 존재입니다. 무슨 두려움이 있겠습니까? 그래서 성도인 우리에게 감사는 선택이 아니라 필수입니다!

피조물인 우리는 창조주 하나님의 은혜로 이 땅에 태어나 생명을 얻었습니다. 그리고 또 다시 하나님의 은혜로 새 피조물이 되어 영원한 소망을 갖고 살아가게 되었습니다. 그러니 모든 것에 감사할 수 있는 것입니다. 기쁨도, 즐거움도, 행복도, 불행도, 환희와 고난도 모두 주님의 섭리 가운데 진행되고 있으니 범사에 감사한 것입니다.

초대교회 성도들은 이 원리를 알았기에 범사에 감사하는 생활에서 우리에게 모범을 보여주었습니다. 그들은 박해자들이 던지는 돌을 맞으면서도 '주님, 감사합니다.'를 그치지 않았습니다. 사도 바울 역시 이 원리를 깨달았기에 선교 여행에 나선 배가 파선이 되어도 감사했고 복음을 전하다가 감옥에 갇혀도 '주님 감사합니다.'를 고백하였습니다.

하지만 범사에 감사라는 인격을 갖기란 쉽지 않습니다. 이것은 참으로 어렵습니다. 어려운 일을 만나거나, 기분 나쁠 때, 고난 중에 있어도 '주님 감사합니다'를 외치기란 쉽지 않습니다. 그러나 그 어려운 순간이라도 나의 생명 되신 주님, 나를 구원해 주신 주님을 생각해낼 수 있다면 우리는 감사할 수 있습니다. 따라서 감사가 나오지 않을 때에도 우리의 감정을 다스려 하나님께 머리 숙여 감사할 수 있는 믿음의 선택이 있다면 감사할 수 있습니다. 이것이 바로 참 믿음이며 올바른 신앙인격입니다.

어떤 여집사님의 이야기입니다. 결혼생활 20년이 넘도록 아무리 전도해도 남편이 교회를 안 나옵니다. 남편 고집이 무지 세고 알콜중독자입니다. 이 집사님의 기도제목이 늘 '하나님, 내 남편 예수 믿게 해주세요.'였습니다.

그런데 어느 날 갑자기 생각이 바뀌었습니다. 남편이 예수 안 믿는다고 불만을 가질 것이 아니라, 남편 때문에 감사한 것이 무엇인지 찾아보고 싶은 마음이 들었습니다. 그래서 생각해 보았습니다.

남편이 저렇게 술 먹고 다니면서도 건강한 게 감사하고, 술에 만취되어도 자기 집 잘 찾아오는 게 감사하고, 또 나 예수 믿는 거 방해하지 않으니 감사하고, 아이들 데리고 교회 나가라고 하니 감사하고, 나의 헌금까지 챙겨주니 감사하구나….

이런 생각이 드니까 참 좋은 남편이라는 생각이 드는 겁니다. 그래서 남편에게 말했습니다.

"여보, 나 참 행복해요. 좋은 남편을 주신 하나님께 감사해요."라고 하자, 남편 하는 말이 "미쳤냐?" 그러더랍니다.

그 다음날도 또 "여보, 나 아무리 생각해도 행복해요. 당신 때문에 정말

행복해요" 그랬더니

"정신 나갔냐?"

사흘째 되는 날 또 감사한 마음이 생겨서 "여보, 난 당신 때문에 행복해요"라고 또 한마디 했습니다.

남편이 웃으며 하는 말이 "사실은 나도 그래."하더랍니다. 그 다음 말이 더 재미있습니다.

"예수 믿어줄게." 그러더랍니다. 20년 동안 전도했는데 아무 결과가 없다가 감사를 전하자 예수를 믿게 되었다는 말입니다.

범사에 감사하기 위한 세 번째 원리는 하나님이 선하신 분임을 믿음으로 받아들이는 것입니다. 이 믿음이 있으면 범사에 감사할 수 있습니다.

하나님이 사랑이 많으시고 선한 분이라는 믿음이 없으면 어려움을 만날 때 하나님 앞에 원망과 불평을 늘어놓을 수 밖에 없습니다. 출애굽 이후 홍해를 건너 광야에서 40년간 머물렀던 이스라엘 백성들을 보십시오. 그들은 어려움을 만날 때마다 하나님께 원망과 불평을 쏟아내었고 걸핏하면 지도자 모세를 향해 반역했습니다. 이것은 하나님이 누구이신지에 대한 성찰이 부족했기 때문입니다.

하나님이 얼마나 나를 사랑하십니까? 나를 위해 독생자 예수님을 버리시기까지 하시면서 나를 사랑하셨습니다. 그렇게 나를 사랑하시는 하나님이, 아무런 목적과 뜻이 없이 고난을 허락하시겠습니까? 하나님은 모든 일을 허락하실 때 나의 유익을 위해 인도하십니다. 그 고난과 고통이 나에게 유익하니까 허락하신 것입니다.

일본의 여류 소설작가 중 미우라 아야꼬가 있습니다. 빙점이란 소설로 유명한 사람입니다. 그녀가 얼마나 많은 병으로 고생했는지, 그녀는 척추 카리에스라고 하는 병으로 수십 년을 고생했습니다. 파킨슨병으로 고생을 하고 직장암으로 고생했습니다. 또 대상포진으로 몇 년 고생했고 심장병으로 몇 년 시달렸습니다. 특별히 십삼 년 동안을 폐병으로 고생했습니다. 병원에서 여러 해 살았습니다.

이만하면 절망할 것 같잖아요? 그러나 그녀는 병을 감사로 받으니 병 때문에 오히려 거룩해졌습니다. 인간의 욕심과 비교의식, 염려를 다 버리고 매일매일 예수님을 의지하며 살게 되었습니다. 그래서 그 마음이 순수하고 그 영혼이 아름다운 사람이 되었습니다. 그의 마음은 예수님 때문에 참으로 행복했습니다.

폐결핵을 앓는 중에 남편을 만났습니다. 미우라 아야꼬가 감사의 인격과 마음으로 늘 행복하게 살아가는 모습에 감동되어 폐결핵 환자인데도 결혼을 합니다. 이분은 몸은 아파도 병원에서 항상 마음은 기쁩니다. 하지만 다른 사람들이 아파하고 슬퍼하고 탄식하고 있는 것을 늘 보게 됩니다. 어떻게 하면 저 사람들을 위로해 줄 수 있을까 고민하다가 매일매일 몇 장씩 소설을 썼습니다.

글을 써서 돌리면 모두들 한번 씩 읽어보고는 "아, 좋다." "그 다음은 뭡니까?" 궁금해 하며 물어옵니다. 이렇게 매일 써서 모아 놓은 글이 '빙점'이란 소설입니다. 그 소설이 얼마나 유명한지요? 여기서 힘을 얻어서 여류 작가로써 수많은 책을 냈습니다.

그녀의 고난은 다른 영혼을 섬기는 통로가 되었습니다. 다른 사람을 기쁘게 하려다 보니까 그 진실함과 따뜻함이 다른 사람에게 감동을 주게 됩니다. 그래서 하나님께 아름답게 쓰임받는 사람이 되었습니다.

우리가 인생을 살아가다 보면 좋을 때도 있고 행복할 때도 있지만 어려울 때, 힘들 때도 있습니다. 좋을 때 감사하는 것은 어렵지 않습니다. 그러나 어려울 때 감사하는 것은 신앙의 인격이 있어야 가능합니다. 선하신 하나님, 나를 사랑하시는 하나님, 내가 고난 중에 피할 길을 열어주시는 하나님을 생각하고 그분을 믿을 수 있는 인격의 수준이 될 때 우리는 범사에 감사할 수 있습니다.

이제 감사하는 습관을 만드는데 방해하는 적이 무엇인지 살펴보고, 그 적을 이길 수 있는 방법을 같이 살펴보길 원합니다.

첫째, 감사를 방해하는 적은 '욕심'입니다.

'사람의 욕심은 너무 커서 하나님조차도 사람의 욕심을 채울 수 없다.'는 말이 있습니다. 욕심과 감사는 공존할 수 없습니다. 욕심은 사탄에게 속해 있고, 감사는 하나님께 속해 있습니다. 욕심을 버리고 주신 것에 만족할 때 감사를 배울 수 있습니다.

둘째, 감사의 또 다른 적은 '비교 의식'입니다.

여러분, 우리 모두는 하나님이 창조하신 소중한 존재입니다. 나의 외모, 나의 은사와 능력은 하나님이 주신 축복입니다. 그래서 나 자신의 모습에 있는 그대로 기뻐할 수 있어야 감사가 나옵니다. 나의 모습이 괜찮은데 다른 사람과 자주 비교하니까 맘에 안드는 구석이 보이는 것입니다. 우리의 외모, 우리의 재산, 능력, 우리의 부모와 자녀를 다른 사람과 비교하기 시작하면 감사가 나오지 않습니다.

비교의식의 반대는 창조의식입니다. 창조의식은 하나님이 만드신 나에 대해 만족하며 감사하는 것입니다. 오직 하나뿐인 나, 놀라운 존재로서의 나를 지으신 하나님께 감사하는 것입니다. 하나님이 만드신 독특한 존재로서 자신을 바라보는 창조의식의 회복을 위해 다음 내용을 하루에 다섯 번씩 외치기를 권면합니다. 다섯 번 정도 외쳐야 그 내용이 진실로 내 마음에 와 닿습니다.

먼저 자기 이름을 부릅니다.

심수명, 하나님은 너를 사랑하신다.

심수명, 너는 대단한 사람이야.

심수명, 너는 앞으로 엄청난 사람이 될 거야.

이제 여러분의 이름을 부르십시오. 그리고 하루에 다섯 번씩 외치시기 바랍니다.

○○○, 하나님은 너를 사랑하신다.

○○○, 너는 대단한 사람이야.

○○○, 너는 앞으로 엄청난 사람이 될 거야.

셋째, 감사하지 못하게 하는 또 다른 적은 '염려'입니다.

사람들은 늘 염려합니다. 사탄은 인간이 행복하지 못하도록 늘 염려를 그 생각 속에 집어넣습니다. 사람들은 죽음에 대해, 병에 대해,

가난에 대해, 미래에 대해, 그 외에도 많은 염려를 불러들입니다. 그런데 염려에 대한 통계를 보면 사람들이 하는 염려는 오직 10%만이 일어날 가능성이 있다고 합니다. 90%는 이미 지나간 과거의 일이나 아직 일어나지 않은 미래의 일 때문에 염려합니다. 전혀 쓸모없는 것 때문에 염려하는 것입니다. 순간순간 일어나는 자신의 부정적 감정을 다스려 긍정적으로 생각할 수 있어야 범사에 감사하게 됩니다.

주님은 말씀하십니다.

> **마 6:34** 그러므로 내일 일을 위하여 염려하지 말라 내일 일은 내일이 염려할 것이요 한 날의 괴로움은 그 날로 족하니라

진심으로 감사할 때 하나님도 감동하고 사람도 감동합니다. 감사할 수 없는 상황에서도 감사할 때 감사는 기쁨을 낳고 감사는 기적을 낳습니다. 더 나아가 감사는 다시 감사를 낳습니다.

스펄전 목사는 '불행할 때 감사하면 불행이 끝이 나고, 형통할 때 감사하면 형통이 다시 찾아온다'고 했습니다. 옳은 말입니다. 감사는 내 인격과 삶을 하나님이 기뻐하시는 삶으로 만드는 것입니다. 감사는 우리를 성숙한 신앙의 길로 인도해줄 것입니다. 그러기에 범사에 감사하기 위해서는 항상 기뻐하고 쉬지 말고 기도하는 맥락 속에서만 가능합니다. 또한 내 본성을 거스려서 새로운 피조물로 살아야 하겠기에 연습과 훈련이 필요합니다. 감사를 찾아보십시오. 그때 내 삶에 숨어있는 하나님의 사랑과 축복을 찾아낼 것입니다.

감사가 습관이 되는 원리를 정리해보겠습니다. 먼저 우리들은 창조주 하나님으로 인해 이 땅에 존재하며 살고 있는 피조물임을 인식해야 합니다. 또한 예수 그리스도의 십자가 은혜로 구원을 얻었다는 사실을 온전히 받아들입니다. 이때 우리는 범사에 감사할 수 있게 됩니다. 이것을 아는 성도는 감사가 선택이 아니라 필수임을 알고 살아갈 수 있습니다. 할렐루야!

또한 감사를 방해하는 적인 욕심과 비교의식과 염려를 이길 수 있어야 합니다. 욕심의 문제는 주신 것에 만족하는 연습이 필요합니다. 비교의식은 나 자신이 하나님이 창조하신 소중한 존재이므로 창조의식을 가지고 나의 외모, 은사와 능력 등 하나님이 주신 축복에 감사하는 것입니다. 염려는 대부분 일어나지 않을 일을 염려하므로 '아무 것도 염려하지 말라'는 주님의 말씀을 믿음으로 붙잡고 불안을 씻어버립니다.

우리가 범사에 감사할 때 우리의 인격과 신앙이 놀랍게 성장합니다. 하나님이 감동하셔서 더 축복하십니다.

범사에 감사함으로, 감사의 습관이 몸에 뱀으로써, 차원 높은 삶을 사시길 축원합니다.

2

방법① – 감사를 계속 연습하라

> | 말씀 | 데살로니가전서 5:16–18
>
> 16 항상 기뻐하라
> 17 쉬지 말고 기도하라
> 18 범사에 감사하라 이것이 그리스도 예수 안에서 너희를 향하신 하나님의 뜻이니라

거울로 나를 봤을 때 똥배가 보이고, 대머리가 보이고, 얼굴에 주름과 함께 늙어가는 모습이 보일 때, 밝은 면을 생각해 보십시오. 적어도 시력은 괜찮지 않은가하고 말입니다.

우리는 어떤 상황에서도 감사할 수 있습니다. 현대인들은 '행복한 삶'에 대해 많은 관심을 가지고 있습니다. 행복한 삶에 대해 연구하거나 말하고 있는 많은 책들을 보면 행복에 관한 연구 결과가 대부분 일치하는 것을 볼 수 있습니다. 사람이 환경 때문에 행복한 것은 10%에 불과하다고 지적합니다.

그렇게 바라던 취직이나 결혼을 하게 되었고 오랜 소원이었던 집이나 차를 사게 되었다고 해봅시다. 그 기쁨은 한순간입니다. 그 시간이 지나고 나면 원래 본인이 가지고 있던 행복 수준으로 되돌아가게 됩니다. 행복에 대한 흥미로운 연구 결과는 행복수준이 높은 사람일수록 환경과 상관없이 모든 것에 감사하더라는 것입니다. 행복의 수준은 감사의 수준과 일치하며 감사와 행복은 한 몸이고 한 뿌리입니다. 행복해지는 길은 부자가 되거나, 아름다운 외모를 만들거나, 높은 학벌을 추구하는 것처럼 환경을 변화시키는데 있는 것이 아니라 감사에 그 비결이 있습니다.

그래서 존 밀러는 '사람이 얼마나 행복한가는 감사의 깊이에 달려있다'고 말했습니다. 그런데 감사의 삶은 한 순간에 얻어지는 삶의 방식이 아닙니다. 수백 번, 수천 번 반복되는 선택의 열매이며 행동 패턴이고 습관입니다. 이런 점에서 감사는 습관입니다. 습관이 운명을 만든다는 점에서, 행복하고 싶으면 감사하는 습관을 만들어야 하는 것입니다.

하지만 악하고 게으른 본성에 따라 반응하는 기존의 나쁜 습관을 버리고, 새롭고 좋은 습관을 만들기는 쉽지 않습니다. 인간은 본능적으로 감사보다 불평에 훨씬 더 쉽게 반응합니다. 감사는 의식적으로 노력해야 할 수 있지만, 불평은 우리도 모르는 사이에 무의식적으로 튀어나오기 때문입니다.

그래서 새로운 습관을 내 것으로 만들기 위해서는 많은 수고가 필요한데 감사가 습관이 되게 하려면 어떤 과정이 필요한지 생각해 보고자 합니다.

뇌를 연구하는 학자들은 보통 새로운 습관을 만들려면 21일 정도의 기간이 걸린다고 합니다. 어떤 행동을 21일간 반복하게 되면 뇌에서 시냅스라는 길이 만들어집니다. 이렇게 뇌에서 그 습관을 받아들이면 그 다음부터 뇌가 저항을 하지 않고 자연스럽게 그 행동을 반복하게 되는 것입니다. 시냅스가 만들어지는 양상은 마치 뇌에 길이 형성되는 것과 같습니다. 흥미로운 점은 시냅스는 한 방향으로만 감정을 전달하는 특성이 있다고 합니다. 그래서 다음 번에 비슷한 자극을 받으면 이미 만들어진 시냅스 쪽으로 쉽게 연결되는 것입니다.

예를 들어, 우리가 어떤 상황에서 화를 내면 화를 내는 방향으로 길이 생겨 부정적 시냅스의 길이 만들어집니다. 다음에 이와 비슷한 자극이 오면 이미 화를 내는 길이 생겼기 때문에 쉽게 화로 연결이 됩니다. 반대로 감사를 자주 하게 되면 뇌의 시냅스에 감사의 길이 만들어집니다. 그리고 다음에는 더 쉽게 감사의 길로 연결되는 것입니다.

이렇게 우리의 뇌에 무늬가 새겨지듯 길이 만들어지고 뿌리가 내려지는데 이것이 곧 우리의 성격이 됩니다. 그래서 유명한 뇌신경학자 조지 루드는 '인간 뇌 속의 시냅스 연결이 변화하면 그 사람의 인격, 즉 성품도 변할 수 있다'라고 이야기합니다.

사랑하는 성도 여러분, 그러므로 감사가 습관이 되게 하려면 무엇이 필요하겠습니까? 감사를 계속해서 스물 한번 연습하면 됩니다. 그러면 감사의 길이 생기게 되고, 감사의 인격으로 삶이 달라져 행복해집니다. 그리고 상황을 새롭게 창조하게 됩니다.

삶을 살아가면서 예상할 수 있는 것은 우리를 괴롭히는 어려운 상황들, 힘든 부부생활, 까다로운 상사나 반항적인 자녀, 경제적인 어려움이 여전히 우리 앞에 존재할 수 있다는 것입니다. 이런 어려움이 일어날 때 우리가 무의식 속에 자신도 모르게 죄된 본성이나 과거의 습관대로 반응할 수도 있습니다.

그러나 반대로 믿음이나 성령 충만으로 반응할 수도 있습니다. 선택하는 것은 우리의 몫입니다. 그리고 계속적으로 반복하여 선택함으로 말미암아 좋은 습관을 만드는 것도 가능합니다. 우리들 각자는 심은 대로 거두는 법칙에 따라 삶의 열매를 맺게 될 것입니다.

스물 한번의 감사의 습관을 연습함으로써 우리의 뇌와 영혼에 감사의 길이 만들어 지기를 소원합니다. 그리고 하나님께 더 가까이 가기를 소원합니다. 또한 우리의 성품과 운명이 변화되기를 소망합니다. 우리의 기도가 응답되는 축복도 맛보시길 축원합니다.

성경말씀에 예수님께서 우리에게 주신 거룩한 교훈을 따라 사도 바울은 강하게 말씀합니다.

> **살전 5:16-18** 항상 기뻐하라. 쉬지 말고 기도하라. 범사에 감사하라. 이것이 그리스도 안에서 너희를 향한 하나님의 뜻이다

하나님은 우리가 항상 기뻐하기를 원하십니다. 범사에 감사하기를

원하십니다. 이것이 하나님의 마음이요, 뜻이라고 말씀합니다. 윌리엄 보리토는 오랫동안 인간을 연구한 후 이런 말을 합니다.

"인간의 삶에서 가장 중요한 것은 당신이 성취한 것이나 얻은 것에서부터 교훈을 받는 것이 아니라 잃은 것으로부터 교훈을 받는다는 사실입니다."

여러분, 인생은 성취나 성공, 즉 잘 된 것, 기쁜 것, 출세를 통해서 교훈을 받지 못합니다. 오히려 잃어버릴 때, 어려운 일을 당할 때, 가슴 아파하면서 고민하면서 지혜도 얻고 능력도 얻고 믿음도 얻고 사랑도 얻는다는 것입니다. 그래서 공부를 잘 하는 학생은 오답노트를 가지고 있습니다. 실패한 것에서 또 실패하기 때문에 그 실패를 연구하면서 성공을 이루어가는 것입니다.

로마서 8장 28절은 말씀합니다.

> 롬 8:28 우리가 알거니와 하나님을 사랑하는 자 곧 그의 뜻대로 부르심을 입은 자들에게는 모든 것이 협력하여 선을 이루느니라

모든 것이 합력하여 선을 이룬다는 것이 무슨 뜻입니까? 인간은 누구나 약하고 부족하기 때문에 우리가 위기나 어려움을 만날 수 밖에 없습니다. 하지만 하나님이 도우셔서 결국에는 우리의 삶을 해피 엔딩으로 끝나게 하실 것이라는 믿음의 눈으로 삶을 바라보는 것을 말합니다. 그래서 어려움 속에서도 감사할 수 있습니다.

바로 이 감사가 범사에 감사하는 것입니다. '범사에 감사한다'는 것은 지금 이 어려움도 마침내 합력하여 선을 이루실 것을 믿는 믿음으로 미리 감사할 수 있는 것을 뜻합니다. 이렇듯 감사는 인생을 해석하

는 방식이자 세계관입니다.

그러기 위해서는 반드시 '보는 방식'을 바꾸는 훈련이 필요합니다. 세상을 바라볼 때, 나에게 일어난 일을 바라볼 때 감사의 시각으로, 감사의 안경을 끼고 보는 훈련이 필요합니다. 새로운 방식으로 보기 시작하면 세상도 다시 보이게 됩니다. 감사는 피와 같습니다. 우리의 피가 온몸을 원활하게 순환할 때 기운이 넘치듯 감사의 기운, 그 은혜의 힘이 흐를 때 우리의 삶에 생명력이 넘칩니다. 감사는 우리 삶을 활력있게 만드는 생명력인 것입니다.

그러므로 믿음이 있는 사람은 범사에 감사합니다. 하나님의 말씀에 순종하려고 몸부림치는 것입니다. 이런 성도를 볼 때 하나님께서 얼마나 기뻐하시겠습니까? 이때 하나님의 생명력이 내 삶을 지배하게 됩니다. 이제 우리가 연습해야 할 감사의 방법을 생각해 보겠습니다.

'무소꼬마즉모사'의 방법입니다. 이 방법은 강충원의 감사진법을 참고하였습니다. 저는 이 방법이 감사습관을 만드는 데 참으로 유익하다는 것에 동의가 되어 여러분에게도 적극 권장하고자 합니다. '무소꼬마즉모사'는 '무조건 감사, 소리내어 감사, 꼬집어 감사, 마음 가득 감사, 즉시 감사, 모든 것에 감사, 사람은 감감축'의 앞 글자를 따서 만든 것입니다. 그것을 자세히 살펴보고자 합니다.

첫째, 무조건 감사

인생 삶에 예상치 못한 일은 항상 생깁니다. 그렇다 할지라도 무조건 감사하기로 결심합니다. 감사가 우리의 인생 태도가 되기로 다짐합니다.

둘째, 소리 내어 감사
내 귀에 들리고 마음으로 동의되어 다짐하도록 소리 내어 감사를 말합니다.

셋째, 꼬집어 감사
감사하기 어려운 일을 정확히 언급하면서 '그래도 감사합니다'라고 고백하는 것입니다.

예를 들면

① 실수로 교통사고를 냈다고 합시다. 차 수리비가 엄청나게 나왔습니다. 몸이 아파서 병원도 다녀야 합니다. 이럴 때 '지금 교통사고가 나서 나의 상황은 매우 나쁘지만 그래도 감사합니다.'라고 고백하는 것이 꼬집어 감사하는 것입니다.

② 직장에서 상사가 별일 아닌 것을 가지고 야단치는 경우를 적용하면, '아무개 팀장님이 나를 야단치지만, 그럼에도 불구하고 감사합니다.'

③ 아내가 다 지난 일을 들추어내며 나를 들들 볶을 때, '아내가 지겨운 잔소리를 지금 30분 째 계속 하고 있지만 그래도 감사합니다.'

정말 위험한 것은 아무리 작은 것이라 할지라도 드러내지 않고 마음속에 가둬 둔 부정적 감정입니다. 내 마음속에 숨어있는 부정적 시각, 불평, 불만들을 살펴서 털어버립니다. 부정적인 마음이 있는데도 방치한다면 그것들은 나의 감사를 갉아먹을 뿐 아니라 나를 파괴시킵니다. 그러나 이 부정적 감정을 꼬집어서 드러내어 말하고 그럼에도 불구하고 감사하는 연습을 하면 우리는 부정 가운데에서도 긍정적인 사고 체계를 작동시킬 수 있습니다. 이때 시각이 바뀌면서 인생은 새로워지는 것입니다.

넷째, 마음 가득 감사

감사의 마음이 넘칠 때까지 감사합니다. 꼬집어 감사를 했지만 여전히 내 마음은 괴로울 수 있고 상황도 그대로일 수 있습니다. 아무리 감사하려고 해도 감사의 마음을 갖지 못하게 하는 상황이 반복될 수 있습니다. 그래서 내 안에 쌓인 마음의 찌꺼기로 인해 불쑥불쑥 부정적인 기운이 발산되며, '욱'하는 나쁜 감정이 치밀어 오릅니다. 나를 괴롭히는 그 사람이나, 그 상황에 대해 계속 화가 날 수 있고 마음이 풀어지지 않을 수 있습니다. 이런 나의 마음을 위로하고 공감합니다. 뿐만 아니라 감사하고자 하는 내 마음을 위로하고 나를 격려합니다. 용서하기 힘든 인간도 용서하면서 감사하려고 하면 때로 눈물이 날 수도 있고 마음이 아프기도 합니다. 하지만 하나님이 그렇게 하라고 하시니까 순종하는 것입니다. 이런 나를 축복하며 감사하는 것입니다. 그래서 감사의 마음이 가득 차오를 때까지 계속 감사하는 것입니다.

다섯째, 즉시 감사

'즉시 감사'는 일단 내 마음을 지키기 위해 '곧바로, 즉각' 감사로 반격하는 것입니다. 빨리 감사할수록 빨리 해결된다는 사실을 기억하십시오. 부정적인 감정이 내 마음을 지배하지 않도록 즉시 감사합니다. 재빨리 감사함으로 불평의 마음에서 벗어나야 합니다. 즉시 감사는 내 앞에 놓인 엄청난 상황을 돌파하기 위한 응급처치입니다. 우리가 미움이나 분노로 틈을 보이는 즉시 사탄은 틈을 비집고 들어옵니다. 사탄의 공세는 결국 나의 삶 전체를 함락시킵니다. 즉시 감사는 그 틈을 허락하지 않는 것입니다. 용서하지 않은 채 남겨 둔 상처가 있다면 같은 상황이 반복될 때마다 나를 괴롭히고 공격합니다. 그래서 즉시 용서하고 감사하는 것입니다. 예상하지 못한 일들을 만났을 때, 우리는 '즉시 감사'를 기억해야 합니다. 지금 당장 내가 할 일은 즉시 감사하는 것 뿐입니다.

여섯째, 모든 것에 감사

감사하는 일에 있어 예외는 없습니다. 모든 것에 감사하자는 생각을 가질 때 감사가 나의 습관이 될 수 있습니다. 우리는 각자 나름대로 다른 것은 다 감사할 수 있지만 '이것 만은 감사할 수 없어'하는 것이 있습니다. 이것이 바로 아킬레스건입니다. 누구에게나 다 아킬레스건이 있습니다. 그러나 진정으로 행복한 감사의 사람이 되려면 예외를 허락하지 말아야 합니다. 내가 감사할 수 없는 그 한 가지, 대개 거기서부터 일이 틀어지고, 그 부분이 약점이 되어 다시 공격을 받게 됩니다.

'모든 것에 감사'는 나 자신을 아는 것에서부터 출발합니다. 내가 감사가 잘 될 때와 안 될 때가 언제인지 알고 있어야 합니다. 나는 자꾸 넘어지는 순간이 있습니다. 나는 분노하는 상황이 있습니다.

'왜 그 사람 앞에만 서면 감사가 안 되는가?'

문제를 정확하게 분석하고 문제의 실체와 정면으로 마주 대해야 합니다. 이것이 나의 약점을 감사의 상황으로 바꿀 수 있는 길입니다. 직장에서는 감사가 되는데, 가정에서는 안 된다면 가정 문제가 치명적인 아킬레스건입니다. 이 문제조차 감사하지 않으면 계속해서 힘들어질 것입니다. 내 마음의 성벽에 작은 구멍조차 허락하면 안 됩니다. 모든 것에 감사합니다.

일곱째, 사람은 감감축

사람에게 입은 상처라면 '감감축'하라는 것인데, '감감축'은 '감사하고 감사하고 축복하라'는 것입니다. 사람에게 받은 상처가 지속적으로 삶에 영향을 미치고 있다면 그것은 아직도 그 사람을 용서하지 못했다는 의미입니다. 용서하지 못한 채 불평과 불만을 쌓아 놓으며 상처를 키웠다면, 그것은 나 스스로 저주의 길을 선택하여 가고 있는 것입니다.

사람은 관계를 맺고 살아가는 존재입니다. 그래서 상처는 대부분 관계에서 비롯됩니다. 관계가 가까우면 가까울수록 우리는 기대합니다. 그리고 이 기대가 채워지지 않으면 상처받고 미워하게 됩니다. 그러니 감사하려면 그 사람과 관계 맺게 된 것부터 감사해야 합니다. 그리고 그 사람을 떠올렸을 때 가장 기분 나쁜 점, 곧 그 사람으로부터 받은 상처를 구체적으로 꼬집어 감사하는 것입니다.

마지막으로 진심을 다해 그를 축복하는 것입니다. 이것이야말로 감사의 마지막 경지입니다. 어떤 의미에서 그 사람은 나의 원수입니다. 죽어주었으면 하는 마음이 들 정도로 미운 인간입니다. 그 원수를 향하여 '감사하고 감사하고 축복하는 것'은 결코 쉬운 일은 아닙니다. 그러나 감사로 인해 평화를 회복하지 못하는 한, 그 손해는 고스란히 내 몫이 됩니다.

로마서 12장 14절은 말씀합니다.

> **롬 12:14** 너희를 박해하는 자를 축복하라. 축복하고 저주하지 말라

이 말씀을 기억하면서 '감감축'을 실천해야 합니다. 남을 축복하면 그 축복이 내게 먼저 이루어집니다. 또 남을 축복했을 때 그 사람이 축복받을 자격이 없으면 축복은 내게로 돌아옵니다. 그리고 나에게 필요한 축복을 가지고 그 사람을 향해 축복하면 내게도 그 축복이 신속하게 이루어집니다.

자식이 좀 부족한 면이 있고, 약한 부분이 있어서 나를 실망시키더라도 '감감축' 할 때 아이는 우리가 기대하고 소망하는 대로 자라게 되고 나도 복을 받게 됩니다. '감감축'은 가장 깊은 사랑의 표현인 동시에 내 삶을 행복하게 만들어주는 신비한 삶의 비밀입니다.

여러분, 사람은 모두 누군가에게 상처를 주면서 살아갑니다. 그래서 우리는 '감감축'으로 나를 보호하고 내 이웃도 변화시켜야 합니다. 범사에 감사하기 위해서는 담대한 용기와 결연한 각오가 필요합니다. 범사에 감사하는 것은 누구나 갈 수 있는 고속도로가 아닙니다. 우리가 감사를 삶의 우선순위로 삼는다면 행복과 성공이 보장된 길로 들어서는 셈입니다.

범사에 감사하는 습관을 만들기 위한 방법이 무엇입니까? '무소꼬마즉모사'입니다. 이것을 계속 반복해야 합니다. 내 삶에 이 방법론이 완전히 스며들도록 적용해야 합니다.

무조건 감사하고

소리 내어 감사하고

꼬집어 감사하고

마음 가득 감사하고

즉시 감사하고

모든 것에 감사하고

사람은 감감축합니다.

이 방법을 날마다, 매순간마다 실천하고 연습합시다. 감사하는 생활을 선택하면 행복하고 성령 충만하며 복된 인생을 만들게 됩니다. 범사에 감사함으로 삶의 기적을 만드는 성도가 되시길 축원합니다.

3

방법② – 감사일기를 쓰라

> | 말씀 | **시편 100:2-4**
>
> 2 기쁨으로 여호와를 섬기며 노래하면서 그의 앞에 나아갈지어다
> 3 여호와가 우리 하나님이신 줄 너희는 알지어다 그는 우리를 지으신 이요 우리는 그의 것 이니 그의 백성이요 그의 기르시는 양이로다
> 4 감사함으로 그의 문에 들어가며 찬송함으로 그의 궁정에 들어가서 그에게 감사하며 그의 이름을 송축할지어다

　캐나다 밴쿠버에 리전트 신학교가 있습니다. 그 학교의 영성학 교수인 '마르던 바' 교수는 육신의 병고로 늘 고통을 겪었습니다. 한쪽 눈은 보이지 않고, 얼마 전에는 다른쪽 눈마저 실명할 뻔했습니다. 다리를 심하게 절어 혼자서는 잘 걷지 못합니다. 45년 동안 당뇨를 앓고 있고, 극심한 저혈압으로 고통을 당하고 있습니다. 신장 이식을 받은 후 하루에 11번 약을 먹어야 합니다. 이만하면 감사하지 않을 조건을 충분히 갖추었다고 할 수 있습니다. 그런데 그분은 '의미 없는 고난은

없다'라는 책에서 자신의 약함과 고통을 감사한다고 고백하였습니다. 그러면서 '우리를 하나님의 품안에서 푹 쉴 수 있게 해주는 두 가지 영적 연습이 있는데 그것이 찬양과 감사'라고 하였습니다.

감사는 찬양으로 드러납니다. 찬양은 구원받은 성도의 감사의 표현입니다. 감사하는 자는 찬양합니다. 찬양하는 자는 이미 감사한 자입니다.

본문 4절은 '감사함으로 그의 문에 들어가며 찬송함으로 그의 궁정에 들어가서 그에게 감사하며 그의 이름을 송축할지어다'라고 말씀하고 있습니다.

이 말씀을 이해하려면 시편을 해석하는 법칙을 알아야 합니다. 시편은 서로 대칭을 이루면서 강조하는 형식의 대구법으로 이루어진 곳이 많습니다.

"감사함으로 그의 문에 들어가며 찬송함으로 그의 궁정에 들어가서" 여기서 '감사'와 '찬송'은 같은 의미임을 강조하는 것입니다. 시편 기자가 말하고 싶은 것은 감사가 곧 찬송이라는 것입니다. 감사가 있어야 찬송하게 되고 찬송의 내용이 바로 감사인 것입니다.

'그의 문'과 '그의 궁정'은 같은 의미입니다. '그 문'은 성전을 의미합니다. 성전과 궁정은 같은 의미로 쓰였는데 성전은 천국을 상징합니다. 하나님의 성전인 궁정에 들어가는 자는 감사와 찬송을 고백해야 들어간다는 것입니다. 즉 구원받은 자는 감사하게 되어 있습니다. 감사가 무엇인지 아는 자가 구원받은 자입니다. 구원받은 자는 영원한 죄인인 나를 향한 하나님의 크신 사랑, 십자가의 사랑을 경험한 자입니다. 어찌 감사가 없겠습니까?

감사는 성전 문에 들어가는 출입증입니다. 감사는 성전에 들어갈 수 있는 자격증입니다. 불평하는 자, 험담하는 자, 이런 자는 성전 문에 들어갈 자격이 없음을 경고하는 것입니다. 이런 자들은 성전 문에 들어가기를 거절당할 수 있음을 경고합니다.

출입증이 있어야 들어갈 수 있는 곳을 보십시오. 안이 귀하고 비밀이 많을수록 출입이 까다롭습니다. 하나님의 집, 성전은 아주 귀한 곳이요, 그 비밀은 십자가의 비밀입니다. 아무나 천국에 들어갑니까? 십자가의 비밀, 구원의 비밀을 아는 자가 천국에 들어갑니다. 십자가의 비밀인 구원과 속죄를 얻는 증거가 무엇입니까? 감사입니다. 그래서 성전에, 천국에 들어올 수 있는 자격은 바로 구원의 은혜에 대한 감사입니다.

우리가 감사해야 하는 이유가 무엇인지 아십니까? 감사할 이유가 많겠지만 시편 100편 3절은 '그는 우리를 지으신 이요 우리는 그의 것이니 그의 백성이요 그의 기르시는 양이로다'라고 말씀합니다. 하나님께서 우리를 지으셨습니다. 하나님은 우리를 가장 아름답게, 가장 보기 좋게, 최상의 상태로 만드셨습니다. 그리고 우리를 구원하셨습니다.

우리 부모님께 감사할 일이 무엇입니까?

'먹여주셔서 감사합니다. 입혀주셔서 감사합니다. 키워주셔서 감사합니다. 공부할 수 있게 해주셔서 감사합니다. 결혼할 수 있도록 해주셔서 감사합니다.'

그러나 가장 감사할 이유는 내 부모가 되신 것 때문입니다. 나를 낳아주신 것 때문입니다. 내 존재의 근본이 되신 것에 감사합니다.

하나님께 감사할 일이 무엇입니까?

하나님께서 우리에게 무엇을 주시고, 무엇을 하시고, 무엇을 내리신 것 때문이 아닙니다. 여호와가 내 하나님이심이 가장 큰 감사의 이유입니다. 하나님은 나를 지으신 분이요, 나를 위해 죽으신 분입니다. 그리고 매일 새로운 축복으로 나를 살게 하시는 분입니다. 그뿐 입니까? 나에게 영원한 삶을 선물한 분입니다. 이것이 감사의 이유입니다. 내가 그분의 소유인 것이 감사의 이유입니다.

이 얼마나 대단한 감사의 이유입니까? 여호와가 내 하나님이시며, 내가 그의 양이며, 성전이 그분의 집인데 어찌 감사하지 않을 수 있겠습니까? 하나님은 만유의 주인이십니다. 그런데 그분이 나의 하나님이십니다. 내가 그분의 양입니다. 우리는 그분의 사랑을 받고 상속자가 된 그분의 자녀입니다. 이것이 가장 큰 감사의 이유입니다. 감사는 의무가 아니라 하나님의 자녀로서의 특권입니다. 감사는 우리에게 천국과 생명과 사랑의 열쇠요, 특권입니다.

감사는 훈련을 통해 습관이 되어야 합니다. 미국의 심리학자이며 철학자인 윌리엄 제임스는 인간을 '습관들의 묶음'이라고 하였습니다. 성공한 사람은 성공을 부르는 습관을 가지고 있고, 실패한 사람은 실패를 부르는 습관들로 뭉친 결과라고 합니다.

우리의 삶을 행복으로 찬양으로 만드는 감사는 그냥 되는 것이 아닙니다. 감사에는 연습과 훈련이 필요합니다. 가장 쉽고도 강력한 방법은 바로 '감사일기'를 쓰는 것을 습관화하는 것입니다. 많은 심리학자들은 행복지수를 높이고 고난을 극복하고 다시 회복할 수 있는 능력을 키우는 데 주저없이 '감사일기'를 꼽고 있습니다.

미국 캘리포니아 주립대 심리학 교수인 '로버트 에몬스' 교수도 실험을 통해 12세에서 80세 사이의 사람을 대상으로 그룹을 나누어 매일 다섯 가지씩 고마웠던 일을 글로 쓰게 하는 실험을 했습니다. 감사일기를 쓴 사람들과 그렇지 않은 사람들을 한 달간 비교해 보았더니 감사일기를 쓴 사람들 중 4분의 3은 행복지수가 높게 나타났고 수면이나 일, 운동 등에서도 더 좋은 성과를 나타냈다고 합니다. 그는 '감사의 과학'이란 자신의 책 속에서 감사일기의 효과를 이렇게 설명했습니다.

"생리학적으로 감사는 스트레스 완화제로 분노나 화, 후회 등 불편한 감정들을 덜 느끼게 한다. 감사하는 사람은 살아있고, 깨어 있으며, 매사에 적극적이고 열정적이다. 다른 사람들과도 더 깊은 공감을 느낀다."

감사일기를 매일 집중적으로 3주간 쓸 경우 우리의 뇌는 스스로 긍정적으로 변해가게 됩니다. 그러므로 하루 동안의 일을 마친 후 구체적으로 감사한 것을 적어서 회상하며 감사한 마음으로 잠드는 것이 중요합니다. 잠자는 동안 기억은 감사의 길을 만들어 아침에 일어나면 뇌는 자동적으로 감사하는 일을 찾기 시작한다는 것입니다.

오프라 윈프리가 자신의 아픔을 이기고 세계에서 가장 영향력 있는 사람이 될 수 있었던 이유가 '감사일기' 때문인 것은 유명한 이야기입니다. 그녀는 지독히 가난한 미혼모에게서 태어나 어머니가 아닌 외할머니의 손에서 자랐습니다. 그곳에서 사촌오빠에게 성폭행을 당했고 임신했습니다. 14세에 출산과 동시에 미혼모가 되었습니다. 아이는 태어난 지 2주 만에 죽었고, 그 충격에 마약복용으로 하루 하루 지옥 같은 삶을 살았습니다.

당시 윈프리는 정신적 공황상태에 빠졌고 살고자 하는 의욕이 전혀 없는 자포자기의 인생이었습니다. 이처럼 기구한 그녀의 삶에 종지부를 찍게 된 중요한 사건이 발생했습니다. 그것은 신앙으로 변화된 친아버지와의 재회였습니다. 새롭게 변화된 아버지는 윈프리에게 신앙의 삶을 보여주었습니다. 성경을 읽으며 인생의 소중함을 알게 된 윈프리는 감사가 하나님의 뜻이라는 것을 알게 되었습니다. 그녀는 매일 감사목록을 기록하며 감사일기로 인생을 변화시켰습니다.

감사일기를 3단계로 설명하면 다음과 같습니다.(이 부분은 이의용의

'내 인생을 바꾸는 감사일기'에 나오는 내용을 정리한 것입니다.)

1단계: 감사발견입니다.
'내게도 이런 고마운 일이 있었구나.'하고 하루 중 고마웠던 일들을 생각해 내는 과정입니다.
2단계: 그렇게 고마운 일을 만들어준 이에게 감사를 표현합니다.
3단계: 다른 사람이 감사할 수 있게 감사거리를 만들어주는 과정입니다.

제가 이것을 적용하여 감사일기를 써봤습니다.
1단계: 감사발견입니다.
오래 전부터 알던 분인데 최근 저를 미워하며 외면하고 있던 분을 만났습니다. 지난 날 저에게 오해하고 불순종했던 것을 잘못했다고 고백해서 감동받았습니다. 감사합니다.

2단계: 고마움을 표현합니다.
그에게 깨우침을 주신 하나님께 감사합니다. 그리고 진실하게 고백해준 그분께도 감사하다고 말했습니다.

3단계: 감사거리 만들어주기입니다.
저도 그분을 격려하고 그분의 장점을 말해주었습니다. 그리고 직업과 관련된 길에서 더 큰 비전을 보도록 도와드렸습니다. 그분이 큰 힘을 얻고 돌아갔습니다.

어제 저에게 문자가 온 내용 중에 감동되는 내용이 있어 소개합니다.

"이 시간이 되면 어떤 글을 보내실까 사뭇 기대됩니다. 잊고 있다가 다시 생각하게 됩니다. 목사님, 힘내세요."

"올해는 힘을 낼 수 있도록 기도하겠습니다. 목사님도 지금처럼 능력을 힘입는 귀한 목자 되도록 기도할게요."

"먼저 감사하고 먼저 행하는 연습을 열심히 하겠습니다. 목사님의 승리를 위해 파이팅입니다."

이런 감사의 표현들이 제 마음에도 큰 힘이 됩니다. 사랑하는 성도 여러분, 이제부터 감사일기를 써 봅시다. 감사일기를 쓰다보면 불평과 불만이 가득한 우리에게 은혜의 세계관을 갖게 해줄 것입니다. 감사는 나를 행복하게 하며 하나님께 경배하게 만들며 이웃에게 사랑을 베풀게 합니다.

감사로 행복을 창조하는 성도 되시길 축원합니다.

| 감사의 내용 |

1. 하나님의 은혜에 감사합니다
2. 신령한 복주심에 감사합니다
3. 나의 존재에 감사합니다
4. 교회를 주셔서 감사합니다
5. 헌신할 수 있게 하셔서 감사합니다
6. 기도하게 하셔서 감사합니다
7. 나라를 주셔서 감사합니다

1

하나님의 은혜에 감사합니다

| 말씀 | 신명기 8:2–10

2 네 하나님 여호와께서 이 사십 년 동안에 네게 광야 길을 걷게 하신 것을 기억하라 이는 너를 낮추시며 너를 시험하사 네 마음이 어떠한지 그 명령을 지키는지 지키지 않는지 알려 하심이라

3 너를 낮추시며 너를 주리게 하시며 또 너도 알지 못하며 네 조상들도 알지 못하던 만나를 네게 먹이신 것은 사람이 떡으로만 사는 것이 아니요 여호와의 입에서 나오는 모든 말씀으로 사는 줄을 네가 알게 하려 하심이니라

4 이 사십 년 동안에 네 의복이 해어지지 아니하였고 네 발이 부르트지 아니하였느니라

5 너는 사람이 그 아들을 징계함 같이 네 하나님 여호와께서 너를 징계하시는 줄 마음에 생각하고

6 네 하나님 여호와의 명령을 지켜 그의 길을 따라가며 그를 경외할지니라

7 네 하나님 여호와께서 너를 아름다운 땅에 이르게 하시나니 그 곳은 골짜기든지 산지든지 시내와 분천과 샘이 흐르고

8 밀과 보리의 소산지요 포도와 무화과와 석류와 감람나무와 꿀의 소산지라

9 네가 먹을 것에 모자람이 없고 네게 아무 부족함이 없는 땅이며 그 땅의 돌은 철이요 산에서는 동을 캘 것이라

10 네가 먹어서 배부르고 네 하나님 여호와께서 옥토를 네게 주셨음으로 말미암아 그를 찬송하리라

어느 날, 교회 근처에서 어떤 할머니를 만났습니다.

"여기가 어디여?"

할머니는 자기 집을 찾아 헤매고 있었습니다.

"우리 집 옆에 교회 십자가가 있었는데."

경찰에 연락해서 잘 돕도록 도와드렸습니다.

여러분, 어르신들이 무슨 병을 가장 두려워할까요? 암일까요? 아닙니다. 치매를 가장 두려워한다고 합니다. 기억을 잃는 치매가 더 두렵다는 것이지요. 저도 그렇습니다. 기억은 개인에게만 중요한 것이 아닙니다. 한 나라에도 매우 중요한 것입니다. 그래서 역사를 왜곡하는 일도 많습니다. 나라의 역사를 기억하게 함으로써 나라의 정체성을 지키고 싶기 때문입니다. 그러나 개인에 대한 기억이나 나라의 역사에 대한 기억보다 더 중요한 기억이 있습니다. 바로 여호와 하나님에 대한 기억입니다.

"여호와를 기억하라"

신명기 8장은 '여호와를 기억하라, 여호와를 잊지 말라'고 강조합니다. 하나님의 은혜를 기억하는 것이 축복의 통로이기 때문입니다. 2절, 11절, 14절 말씀을 보십시다.

> 2 네 하나님 여호와께서 이 사십 년 동안에 네게 광야 길을 걷게 하신 것을 기억하라
> 11 네 하나님 여호와를 잊어버리지 않도록 삼갈지어다
> 14 네 마음이 교만하여 네 하나님 여호와를 잊어버릴까 염려하노라

여호와를 잊어버릴까 두렵다고 했습니다.

> 19 네가 만일 네 하나님 여호와를 잊어버리고 다른 신들을 따라 그들을 섬기며 그들에게 절하면 내가 너희에게 증거하노니 너희가 반드시 멸망할 것이라

하나님을 잊어버리면 망한다는 것입니다. 하나님을 잊어버리면 모든 것을 다 잃어버리는 것입니다. '기억하라'는 동사는 신명기의 주제 동사라고 말할 수 있는데, 신명기에서만 무려 17번 사용되었습니다. 하나님께서 광야 40년 동안 이스라엘 백성들을 어떤 방식으로 인도하셨는지, 또 어떤 은혜를 주셨는지 기억하라는 명령입니다. 하나님이 우리에게 주신 은혜를 기억해야 감사가 일어납니다. 인생이 영적인 치매에 걸리면 하나님이 주신 은혜를 기억하지 못하므로 감사할 수 없습니다. 감사를 잊어버린 사람은 영적 치매환자입니다.

그러면 우리가 무엇을 기억하고 감사해야 할까요?

첫째, 낮추시는 은혜에 감사합니다.

사람을 낮추는 것은 고난 속에 있는 것인데, 고통 속에서 무슨 감사냐고 반문할 수 있습니다. 하지만 사람은 조금 낮아지고 고난 속에 있어야 하나님의 은혜를 갈망하게 됩니다. 이것이 겸손케 하시는 은혜입니다. 하나님께서 이스라엘 백성들을 낮추시기 위해 쓰신 방법은 목마름과 배고픔입니다.

가난한 사람은 교만할 수 없습니다. 지금 먹고 살만해서 교만하면

하나님이 가난하게 하십니다. 지금 넉넉하지만 겸손하여 감사하면 하나님이 더 부유하게 하십니다. 한 달에 백 만원 벌던 사람이 십일조를 잘하면 천 만원 벌게 하십니다. 천만원 벌면 십일조가 백만원인데, 백만원이 아까워서 십일조 안하면 하나님은 다시 월 수입 백 만원으로 낮추시기도 하십니다. 하나님의 관심은 자녀의 신앙입니다. '낮아짐'은 회개하고 은혜입을 수 있는 자리에 와 있다는 의미입니다. 인간은 낮아지고 겸손해져야 하나님의 기적과 은혜의 문이 열리는 역사를 경험하게 됩니다.

마 5:8 심령이 가난한 자는 복이 있나니 천국이 그들의 것임이요

고난으로 낮추시는 은혜에 감사하는 성도가 되시길 축원합니다.

둘째, 먹이시는 은혜에 감사합니다.

이스라엘 백성들이 배고파서 낮아졌을 때, 하나님께서는 만나의 은혜를 주셨습니다. 만나의 은혜는 먹이시는 은혜입니다. 이스라엘 백성들이 회개하고 낮아졌을 때, 하나님께서는 하늘 문을 여시고 만나를 내려서 먹이시는 기적을 보여주셨습니다. 하나님께서 이스라엘 백성들을 낮추시고 만나를 주신 것에는 목적이 있습니다.

> 3 너를 낮추시며 너를 주리게 하시며 또 너도 알지 못하며 네 조상들도 알지 못하던 만나를 네게 먹이신 것은 사람이 떡으로만 사는 것이 아니요 여호와의 입에서 나오는 모든 말씀으로 사는 줄을 네가 알게 하려 하심이니라

사람은 떡을 먹고 삽니다. 그러나 사람이 떡만 먹고 사는 동물적인 존재는 아닙니다. 사람은 하나님의 형상으로 지음을 받아서 영혼이 있는 존재입니다. 영혼은 하나님의 말씀을 먹고 삽니다. 하나님의 말씀은 하늘의 양식이며, 하늘의 만나입니다. 사람이 하나님의 말씀을 양식으로 먹으려면 먼저 회개하고 돌이키는 낮추심의 은혜를 받아야 합니다. 사람이 부유하면 교만해집니다.

오직 하나님 앞에서 '하나님, 저는 아무것도 아닙니다. 하나님 없이는 저는 공허한 인생입니다. 제 영혼은 하나님의 말씀으로만 채워질 수 있습니다. 하나님, 제 기도를 들으시고 나를 불쌍히 여겨 주옵소서'라고 기도하며 하나님을 바라보는 영혼에게 하나님께서는 은혜를 부어주십니다. 이때 다시 부유해지기도 하고, 성공하기도 합니다. 겸손한 마음으로 하나님께서 주시는 은혜에 감사하는 성도가 되시길 축원합니다.

셋째, 돌보시는 은혜에 감사합니다.

40년 광야생활 동안에 의복이 해어지지 않고 발이 부르트지 않았습니다. 의복이 해어지지 않았다는 것은 무슨 의미일까요? 어떤 주석가들은 이스라엘 백성들이 이웃 나라에서 계속 새 옷을 사 입었다고 주장합니다. 혹은 이스라엘에 옷 기술자가 있어서 조금만 옷이 해어져도 수시로 수선을 해줬다고 주장하기도 합니다. 이 말도 일리가 있습니다.

그러나 조금 엉뚱해 보일지 모르지만 저는 성경의 문자 그대로 믿고 싶습니다. 성경에 보면 입은 의복이 닳지 않았다고 기록되어 있습니다. 이 말씀 그대로 해석하면 다섯 살 때 입은 의복이 해어지지 않아서 나중에 열 살이 되고, 스무 살이 될 때에도 그 옷을 계속 입었다고 해석할 수 있습니다.

유대인 랍비들은 이에 대해 하나님께서 기적적으로 옷이 해어지지 않도록 했을 뿐만 아니라, 몸이 커감에 따라서 옷도 같이 커지게 하셨다고 말합니다. 저도 이 부분에 대해서 이렇게 해석하고 싶지만 본문이 거기까지 말하고 있지 않기 때문에 동의하기는 좀 어렵습니다. 중요한 사실은 이스라엘 백성들이 출애굽 할 때 입었던 옷이 40년 동안 해어지지 않는 은혜를 주셨다는 사실입니다. 무슨 옷이기에 40년 동안 옷이 찢어지지 아니하고 낡아지지 않았겠습니까? 소 가죽, 물개 가죽을 입어도 40년 입으면 다 찢어지지요. 40년 동안 가죽 옷이라고 성한 것이 있겠습니까? 40년을 입어도 해어지지 않는 옷은 기적의 옷입니다. 이것은 하나님의 기적적인 은혜가 그들의 생활에도 임했음을 보여주는 것입니다. 이것이 하나님의 사랑이요, 신령한 은혜입니다.

또 발이 부르트지 않았다고 합니다. 장거리를 걷다 보면 발이 부르트고 물집이 생겨서 낙오하는 경우를 보기도 합니다. 그래서 하나님은 이스라엘 백성들의 발바닥까지 신경을 쓰신 것을 알 수 있습니다. 이것 역시 하나님이 그들의 건강과 몸의 구석 구석까지 만져주셨음을 의미합니다. 이 얼마나 큰 은혜입니까? 하나님이 우리의 입을 것, 살

집을 주시니 감사합니다. 하나님이 우리를 돌보시니 감사합니다.

넷째, 징계하시는 은혜에 감사합니다.

5절에 보면 '너는 사람이 그 아들을 징계함 같이 네 하나님 여호와께서 너를 징계하시는 줄 마음에 생각하고'라고 말씀하고 있습니다. 징계는 하나님의 자녀가 되었다는 증거입니다.

히브리서 12장 8절을 보면 '징계는 다 받는 것이거늘 너희에게 없으면 사생자요 친아들이 아니니라'고 기록되었습니다.

죄를 짓고 사는데도 모든 것이 잘 되고 행복하다면 이런 사람은 하나님의 자녀가 아닐 수 있습니다. 하나님의 자녀가 죄를 지으면 하나님의 징계가 오게 되어 있습니다.

제 자녀가 잘못하면 제가 야단을 칩니다. 그러나 옆집 아이가 잘못하거나, 밥을 먹지 않거나, 학교에 가지 않는다고 해서 쫓아가서 야단을 치지는 않습니다. 제 자식이 아니기 때문입니다. 하나님의 징계도 마찬가지입니다. 우리가 하나님께 징계를 받는 것은 하나님의 자녀가 되었다는 증거입니다. 그래서 징계는 하나님께서 우리를 사랑하신다는 징표입니다.

히브리서 12장 6절에 '주께서 그 사랑하시는 자를 징계하시고 그가 받아들이시는 아들마다 채찍질하심이라'고 기록되었습니다. 하나님께서는 사랑하는 자를 징계하십니다.

그렇다면 징계하시는 목적은 무엇일까요? 세상 것을 버리고 오직 하나님만 의지하며 감사하도록 하기 위함입니다.

> 6 네 하나님 여호와의 명령을 지켜 그의 길을 따라가며 그를 경외할지니라
>
> 10 네가 먹어서 배부르고 네 하나님 여호와께서 옥토를 네게 주셨음으로 말미암아 그를 찬송하리라

징계의 목적은 순종과 경외와 감사, 그리고 찬송하게 하려는 것입니다. 우리의 인생을 돌아보며 하나님의 은혜를 기억하고 감사합시다.

우리가 기억하고 감사할 것이 무엇입니까?

낮추시는 은혜에 감사합니다.

먹이시는 은혜에 감사합니다.

돌보시는 은혜에 감사합니다.

징계하시는 은혜에 감사합니다.

우리의 평생에 하나님의 은혜가 얼마나 큰지, 기억하고 감사합시다.

지난 1년을 돌아봅시다. 하나님의 은혜가 얼마나 큰지 기억하고 감사합시다.

다니엘 세이레 기도회 기간을 돌아봅시다.

새벽마다 많은 성도들이 함께 모여 기도함으로 하나님의 풍성한 은혜를 누릴 수 있어서 감사합니다.

기도한대로 좋은 날씨 주셔서 새벽기도 나오는데 어려움이 없게 하시니 감사합니다.

말씀을 통해 온 성도가 감사의 습관이 몸에 배어가게 하시니 감사합니다.

저에게도 은혜 주셔서 말씀준비를 잘 하게 하시니 감사합니다.

우리의 자녀들이 새벽기도에 열심히 참여하여 다음세대의 일꾼으로 준비시켜 주시니 감사합니다.

이제 앞으로도 우리의 인생이 감사로 살아가기를 축원합니다.

| 무소꼬마즉모사 |

1. 무조건 감사: 다니엘 세이레 기도기간을 완주할 수 있게 하시니 무조건 감사합니다.

2. 소리내어 감사: 처음 다니엘 세이레 기도회를 시작한다고 할 때는 아이들 때문에 엄두도 내지 못했는데 나올 수 있는 지혜와 상황을 만들어 주시니 감사하고, 믿는 자에게는 능치 못함이 없음을 보여주신 하나님께 소리 내어 감사합니다.

3. 꼬집어 감사: 세이레 기도기간 동안 많은 눈, 비 한번 없이 좋은 날씨를 허락하여 유모차를 끌고 나올 때 어려움 없이 하심에 꼬집어 감사합니다.

4. 마음 가득 감사: 중간에 몇 차례 아이들이 고열과 감기로 아파 힘겨움도 있었지만 하나님의 도우심과 간섭하심이 있었음을 느끼며 마음 가득 감사합니다.

5. 즉시 감사: 그날 그날 말씀에 은혜 받게 하시고 말씀에 대한 기대감과 사모함을 주심에 감사하며 받은 말씀을 감사로 적용할 수 있게 하시니 즉시 감사합니다.

6. 모든 것에 감사: 나를 부인하고 영적승리를 누리게 하심에 감사하고 남편의 휴가로 세이레 마지막 한 시간을 함께 참석하여 말씀 듣게 하시니 이 모든 것에 감사합니다.

7. 사람은 감감축: 아직 사랑하기 힘든 사람이 있지만 그래도 감사와 감사를 드리며 축복합니다.

| 적용과 연습 |

위의 예를 참고하면서 무소꼬마즉모사를 매일 연습합니다. 적은 내용을 가지고 성도나 이웃과 나누어봅니다.

1. 무조건 감사:

2. 소리내어 감사:

3. 꼬집어 감사:

4. 마음 가득 감사:

5. 즉시 감사:

6. 모든 것에 감사:

7. 사람은 감감축:

2

신령한 복 주심에 감사합니다

| 말씀 | 에베소서 1:3

3 찬송하리로다 하나님 곧 우리 주 예수 그리스도의 아버지께서 그리스도 안에서 하늘에 속한 모든 신령한 복을 우리에게 주시되

사고를 당해서 중환자실에 입원해 보신 적이 있으신지요? 중환자실에 입원하여 산소 호흡기를 꽂고 있을 때, 보험이 안 되는 경우 하루에 약 30만원 정도 든다고 합니다. 만약 하루에 30만원씩 내고 숨을 쉬어야 한다면 어떻게 살 수 있겠습니까? 이것을 생각해 보면 숨을 쉬는 것도 참으로 감사한 일이 아닐 수 없습니다.

우리는 이 세상에 살면서 우리가 지불하거나 수고하지 않고 공짜로 받은 것들이 너무 많습니다. 특히 삶에서 가장 소중한 것들은 모두 하나님께서 공짜로 주셨습니다. 자연이 주는 여러 가지 혜택- 물, 공기, 바람, 해와 달 그리고 별 등- 뿐 아니라 각 사람들에게 주신 여러 은사

와 재능들, 예술성, 그리고 나를 돌보도록 부모님도 주셨습니다. 나아가 우리에게 구원의 은혜까지도 공짜로 주셨습니다. 그런데 이 사실을 알고 있는 사람이 그리 많은 것 같지 않습니다.

　에베소서 말씀을 보면 사도 바울이 예수 믿고 하나님의 자녀가 된 후 구원의 축복을 얼마나 기뻐하고 감사해 하는지 볼 수 있습니다. 그는 지금 감옥에 있습니다. 그곳에서 자기가 3년 동안 애써서 개척한 에베소 교인들을 마음에 두고 그리워하고 있었습니다. 지금 감옥에 갇힌 바울은 자기 운명을 알 수 없는 형편입니다. 어쩌면 재판 받은 후 사형장에 끌려가서 죽임을 당할지도 모릅니다. 실로 어떤 운명이 기다리는지 알 수 없습니다.
　이러한 상황 가운데에서 차가운 감옥 바닥에 앉아서 에베소 교인들에게 편지를 쓰는데, 하나님께서 우리를 구원해주신 은혜가 얼마나 기가 막힌 복인지에 대해 말하고 있습니다.
　그래서 그 첫 마디가 무엇인지 아십니까?
　"찬송하리로다."
　왜 찬송합니까? 신령한 복을 주셨기 때문입니다. '신령한 복'이란 말 그대로 육적인 복이 아닙니다. 영적인 복입니다. 우리가 잊지 말아야 될 정말 중요한 사실은 하나님께서 주시는 진짜 복은 세상적이고 육적인 것이 아니라는 것입니다. 하나님이 약속하신 진짜 복은 하늘에 속한 신령한 복입니다. 하나님께서 자기 이름을 걸고 약속한 복이 바로 신령한 복입니다.

그렇다면 우리에게 주어진 신령한 복은 무엇입니까? 영생이며, 예수 그리스도이며, 성령님입니다. 이 복은 하나님께서만 주실 수 있는 복입니다. 이렇게 엄청난 선물을 우리에게 주셨기에 바울은 그것에 대해 감사하고 있는 것입니다.

신령한 복을 주신 하나님께서는 우리에게 세상의 육적인 복들도 필요한 줄 알고 계십니다. 하나님이 엿새 동안 우주와 자연만물을 만들어 인간에게 주셨습니다. 이것을 통해 볼 때 인간에게 육적인 복이 왜 필요 없겠습니까? 다만 복의 절대적 우선순위를 말씀하고 계십니다. 영적인 복이 우선입니다. 그래서 하나님 말씀에 먼저 순종해야 합니다. 그 이후 육적인 복도 허락하십니다. 하나님께서 세상에 속한 육적인 복을 우리에게 최고의 축복으로 약속하시지 않은 이유는 한마디로 세상의 복은 허무한 것이기 때문입니다.

하나님은 위대한 솔로몬 왕을 통해 세상적이고 육적인 복이 얼마나 허무한지 폭로하셨습니다. 솔로몬은 이 지구상에 태어난 사람 중 부귀영화를 가장 많이 누린 사람입니다. 게다가 모든 지혜자들을 능가하는 뛰어난 지혜로 존경을 받았던 인물이었습니다. 그렇게 훌륭한 솔로몬 왕이 이 세상의 모든 것을 다 소유해보고 그 쾌락이 어떠한지 시험을 해보겠노라고 말합니다.

"내 눈으로 보아 좋은 것은 다 내가 소유하리라. 내 마음에 무언가

하고 싶은 것이 있으면 다 해보리라. 그래서 무엇이 인생의 즐거움인지, 무엇이 인생의 쾌락인지 내가 다 알아보리라."

그리고는 그가 말한 대로 자기 마음에 원하는 것은 다 해보았습니다. 아내가 300명에, 후궁까지 합하면 1,000명의 미인들을 거느려보았습니다. 이렇게 인생을 살고 난 다음 전도서 2장 11절에서 그는 이런 고백을 남겼습니다.

> 전 2:11 그 후에 본즉, 내 손으로 한 모든 일과 수고한 모든 수고가 다 헛되어 바람을 잡으려는 것이며 해 아래서 무익한 것이로다

여러분, 바람을 한번 잡으려 해보십시오. 잡는 순간 빠져나가 버립니다. 순간적인 쾌락, 명성, 부요, 눈에 보이는 아름다운 것들을 소유해 보려해도 마치 바람을 잡는 것처럼 없어져 버리는 것입니다.

정말로 지혜로운 사람은 경험하기 전에 압니다. 그런데 솔로몬은 경험해 보고 나서 알았다고 말을 합니다. 모든 사람 중에서 가장 지혜롭다고 한 솔로몬도 경험한 후에 진리를 깨달았습니다. 그래서 인생 중에 진정으로 지혜로운 자는 없습니다. 더 안타까운 것은 대부분의 사람은 경험해 봐도 깨닫지 못한다는 사실입니다. 여러분은 성령님 안에 거하심으로 솔로몬보다 더 지혜로운 삶을 사시길 축복합니다.

사람들은 세상의 모든 복들이 얼마나 허무하고 무가치한 지 잘 깨닫지 못하는 것을 봅니다. 10대와 20대에는 마치 영원히 살 것처럼 교만하게 행동합니다. 30대, 40대가 되면 인생의 의미를 생각할 겨를도

없이 오직 경력을 쌓고 성공이라는 목표를 향해 달리는 데만 급급합니다. 50-60대가 되어 살아온 인생을 돌아보면 후회가 되기도 하고 두려움과 불안이 다가오기도 합니다. 그러다가 이제 70-80대로 넘어갑니다. 그제서야 '아, 인생이라는 것이 별거 아니구나.'를 깨닫게 되는 것입니다. 솔로몬처럼 그 후에야 깨닫는 것이 우리 인간들의 실상입니다.

빨리 깨달았든 늦게 깨달았든 간에 인생의 실체를 보기 시작하면 허무함이 가슴을 쓸어내립니다. 이때 감성이 예민한 사람들은 견디다 못해 자살하기도 합니다.

어니스트 헤밍웨이가 대표적인 사람이라고 할 수 있습니다. 그는 노벨 문학상을 받은 성공적인 인물이었습니다. 그런데 1961년 7월 2일 주일 아침, 그는 아이다호에 있는 자택 로비에 앉아 고민하기 시작했습니다. 그리고는 그가 좋아했던 말 '무로부터 무에 이르는 짧은 날의 여행이 주는 지루함'을 이기지 못해, 총을 들고 자살했습니다. 세상적으로 성공한 작가 헤밍웨이의 삶을 통해 모든 것을 다 손에 쥐고 누렸지만 이 세상의 쾌락은 아무 것도 아님을 교훈 받을 수 있습니다.

육적인 복 때문에만 예수 믿는다면 얼마나 어리석은 사람입니까?

저 역시 어리석은 사람 중에 하나입니다. 하나님이 은혜주셔서 가끔씩 정신을 차립니다. 때때로 성경을 읽거나 기도 중에 묵상을 하다 보면 하나님께서 예수 그리스도를 통해 하늘에 속한 신령한 복, 구원,

영생, 예수님을 주셨다는 사실에 가슴이 뭉클합니다.

'하나님, 감사합니다. 영광을 받으시옵소서.' 하는 감격과 감사가 막 치밀어 오릅니다. 이런 감격이 나를 사로잡으면 돈이나 명예, 쾌락, 오래 사는 것, 그리고 세상의 어떤 것도 제 눈에 들어오지 않습니다.

하나님께서 하늘에 속한 신령한 복, 구원, 영생, 예수 그리스도를 나에게 주셨다는 것만 생각하면 그저 황홀해집니다. 우리가 이런 감사와 감격을 가슴 속에 품고 살아가게 되면 얼굴에 기쁨이 충만하며 온 몸은 행복함으로 전율하게 됩니다. 그럴 때 "예수 믿으세요." 라는 말 한 마디가 사람들의 마음을 찌르고 들어가는 것입니다. 이렇게 신령한 복은 좋은 복이기에 저는 사도 바울처럼 자주 기도합니다. 17절 이하에 바울이 기도하는 모습이 나옵니다.

> "하나님이여, 나의 마음의 눈을 열어주시옵소서. 그래서 하나님이 누구신지 좀 더 알게 해주세요. 하나님이여, 나에게 지혜와 계시의 영을 주셔서 하나님이 주신 그 부르심의 소망, 천국의 비밀을 알게 해주세요. 하나님이여, 하나님 나라에서 우리가 누릴 그 기업의 영광의 풍성함, 천국의 실체를 좀 더 가까이 가서 볼 수 있게 해주세요. 하나님이여, 성령을 통해서 우리에게 주신 능력의 지극히 크심이 어떠한가를 제가 좀 더 느끼고 체험하게 해주세요."

그는 이 좋은 복을 주신 하나님을 더 알고 싶었고 더 가까이 가서 그 복을 들여다보고 싶었습니다. 아는 것만큼 더 행복한 자가 될 수 있기 때문입니다. 그때 허무한 세상의 것에 눈을 돌리지 않고, 영원한 것을 향해 남은 생을 투자할 수 있게 될 것입니다.

여러분, 우리의 문제가 무엇입니까? 이미 하늘에 속한 신령한 복을 다 갖고 있는데도 그것이 얼마나 좋은지 알지 못한 채 어리석고, 무식하게 세상을 사는 것입니다.

우리가 받은 복을 세어봅시다. 그리고 하늘에 속한 신령한 복을 부어주시는 하나님께 감사합시다. 그럴 때 우리는 진정한 행복을 누릴 수 있습니다.

날마다 영생과 예수 그리스도로 인해 감사하는 성도되시길 축원합니다.

| 적용과 연습 |

무소꼬마즉모사를 매일 연습합니다. 위의 예를 가지고 연습해도 좋고 자신의 삶에 적용할 것이 있으면 적어서 연습해도 됩니다.

1. 무조건 감사: 새해 첫 날, 16살이 되는 딸이 다니엘 세이레 새벽기도를 작정했다며 같이 가자고 합니다. 어린 나이인데 작정한 것만으로도 무조건 감사합니다.

2. 소리내어 감사: 1월 2일 새벽기도 첫날, 우리 딸의 친구들이 모두 함께 했습니다. 할렐루야! 아이들의 잠을 깨우시는 주님을 소리내어 찬양하며 감사드립니다.

3. 꼬집어 감사: 엄마는 힘들어 못가도 혼자서 이모부 따라 하루도 빠짐없이 새벽기도를 다녀오고, 금요일 밤 10시에 끝나는 학원수업을 마치고 늦게라도 철야예배에 참석하여 기도하는 우리 딸, 꼬집어 감사합니다.

4. 마음 가득 감사: 이제 21일 새벽기도 완주를 하루 앞두고 있습니다. 끝까지 완주하게 하시니 마음 가득 감사합니다.

5. 즉시 감사: 딸과 함께 기도한 기도제목이 있는데 이번 새벽기도 기간 동안 기도응답이 있을까 조바심내는 제게 딸이 기도응답에는 '그래, 안돼, 기다려'가 있다며 기다려 보자고 말합니다. 제가 딸에게 한 수 배웠습니다. 즉시 감사합니다.

6. 모든 것에 감사: 살아있는 동안 생명주신 주님께 감사하며 앞으로도 주님이 주신 모든 것에 감사하겠습니다.

7. 사람은 감감축: 때로 가까이 있는 사람이 밉기도 하지만 나도 부족한 점이 있음을 기억하며 그 사람에 대해서도 감사하고 감사하고 축복합니다.

3

나의 존재에 감사합니다

| 말씀 | 시편 139:13-17

13 주께서 내 내장을 지으시며 나의 모태에서 나를 만드셨나이다
14 내가 주께 감사하옴은 나를 지으심이 심히 기묘하심이라 주께서 하시는 일이 기이함을 내 영혼이 잘 아나이다
15 내가 은밀한 데서 지음을 받고 땅의 깊은 곳에서 기이하게 지음을 받은 때에 나의 형체가 주의 앞에 숨겨지지 못하였나이다
16 내 형질이 이루어지기 전에 주의 눈이 보셨으며 나를 위하여 정한 날이 하루도 되기 전에 주의 책에 다 기록이 되었나이다
17 하나님이여 주의 생각이 내게 어찌 그리 보배로우신지요 그 수가 어찌 그리 많은지요

이 세상에는 우리가 놀랄 만한 것들이 참 많습니다. 그러나 우리가 가장 놀라야 할 어떤 대상이 있다면 바로 나 자신입니다. 내가 지금 여기에 존재하고 있습니다. 내가 지금 여기에 살고 있습니다. 인생을 포기할 만한 수 많은 사건이 있었지만 내가 지금 여기에 존재합니다. 이 얼마나 놀라운 사실입니까?

성 어거스틴은 그의 글 가운데서 이런 놀라운 통찰을 남겼습니다.

'인간은 높은 산과 바다의 거대한 파도와 굽이치는 강물과 광활한 태양과 무수히 반짝이는 별들을 보고 경탄하면서도 그러나 자신의 몸, 자신의 존재에 대해서는 경탄할 줄을 모른다.'

시편 기자는 오늘 자기 자신의 존재에 대해 경탄과 감사의 기도를 주께 올리고 있습니다.

> 13 주께서 내 내장을 지으시며 나의 모태에서 나를 만드셨나이다
> 14 내가 주께 감사하옴은 나를 지으심이 심히 기묘하심이라 주께서 하시는 일이 기이함을 내 영혼이 잘 아나이다

아주 놀랍고도 경이롭게도, 주께서 우리를 만들어 주셨습니다. 이 세상에는 놀라운 일들이 많지만 그 중에서 가장 놀라운 것은 인간의 탄생입니다. 인간의 탄생은 기적 중에 기적이요, 신비 중에 신비가 아닐 수 없습니다. 인간의 육적 생명은 5억 개 중 하나의 정자와 난자의 만남을 통해 한 생명이 탄생합니다. 그리고 단 하나의 수정란에서 10조 개에 이르는 세포가 생성됩니다. 이 놀라운 신비를 어떻게 말할 수 있을까요?

본문 15절을 보십시오.

> 15 내가 은밀한 데서 지음을 받고 땅의 깊은 곳에서 기이하게 지음을 받은 때에 나의 형체가 주의 앞에 숨겨지지 못하였나이다

여기서 나의 형체란 말은 본래 원문에 보면 뼈대란 말입니다. 뼈는 몸을 지탱할 수 있는 가장 가볍고 견고한 구조물입니다. 현대의 가장 발달된 건축 설계 원리로도 신체의 뼈 구조를 다 설명해 낼 수 없다고 합니다. 사람이 일생을 살면서 걸어 다니는 평균 거리가 지구 두 바퀴 반 정도라고 합니다. 지구의 두 바퀴 반을 걸어가는 동안에도 우리의 몸이 이렇게 지탱되는 것은 가볍고도 견고한 뼈 때문입니다. 뼈는 짐이 되지 않으면서도 인간다운 골격을 갖게 합니다. 뼈가 없는 인간을 상상해 보십시오. 뼈가 없다면 지렁이처럼 주저앉아 버릴 것입니다.

주께서 나의 뼈대를 세우시고 그 안에 중요한 내장들을 채워 넣으셨습니다. 그리고 살아 숨 쉬는 인간으로 만드셨습니다. 인간의 육이 이토록 놀랍게 창조되었다면 영은 어떠하겠습니까? 얼마나 놀랍습니까? 이렇게 정밀하고 놀라운 존재가 의미없이 만들어졌을까요? 놀라운 피조물은 분명한 목적을 전제하고 있습니다. 인간의 정교한 창조는 영원한 하나님의 계획을 보여주고 있는 것입니다.

> 16 내 형질이 이루어지기 전에 주의 눈이 보셨으며 나를 위하여 정한 날이 하루도 되기 전에 주의 책에 다 기록이 되었나이다.

여기서 '정한 날'이라는 말이 나오는데 이것을 볼 때 인간은 어느 날

갑자기 우연히 던져진 존재가 아니라 계획에 의해 창조된 존재임을 알 수 있습니다.

뿐만 아니라 우리의 생명이 주의 책에 다 기록되어 있습니다. 인간은 영원한 존재로서 하나님의 놀라운 계획 속에서 우리는 이 땅에 태어나서 살고 있습니다.

이 사실을 묵상하던 시편기자는 다음 구절에서 이런 경탄의 고백을 하고 있습니다.

> 17 하나님이여 주의 생각이 내게 어찌 그리 보배로우신지요 그 수가 어찌 그리 많은지요

여기서 '하나님이여 주의 생각이'라고 말할 때 주의 생각이 복수로 쓰였습니다. 본래 원문에 보면 그 뜻이 이렇습니다.

" '나' 라는 인간을 계획하면서 주님은 많은 생각을 하셨다."

다시 말하면 나라는 존재는 하나님의 많은 생각들을 통해 창조된 결정체인데 말씀에 보면 그 생각이 보배로운 생각이라고 합니다. 여기에 사용된 '보배롭다'라는 말을 원문에 가깝게 번역하면 '소중하다'는 뜻입니다. 하나님께서 많은 생각을 통해서 나를 지으셨는데, 그 결과, 나를 보배롭고 소중한 존재로 지으셨다는 말입니다.

사람들이 나를 어떻게 평가하든 상관이 없습니다. 내가 성공했다고 느끼든 내가 이 땅에서 실패했다고 느끼든 상관없습니다. 하나님이 보실 때에 여러분과 저는 소중하게 설계된 존재임을 믿으시기 바랍니

다. 우리 자녀들 중에도 잘 사는 자녀가 있고, 힘들게 사는 자녀가 있습니다. 그러나 부모가 볼 때는 다 소중한 법입니다. 하나님이 우리를 그렇게 소중하게 보십니다.

사랑하는 여러분, 우리 인생이 소중한 계획 속에 태어난 존재임을 믿으시길 축원합니다. 이제 소중한 존재인 우리는 목적이 있는 인생입니다. 그것은 하나님의 뜻을 추구하면서 우리 자신을 사랑하며 소중하게 가꾸어가는 것입니다. 하나님이 나를 위해 죽으셨으니 내 존재의 가치가 얼마나 귀합니까? 그래서 하나님의 뜻대로 자신을 존중하고 사랑합니다.

어떻게 나를 사랑할 수 있을까요? 그것은 감사하는 삶을 사는 것입니다.

> 14 내가 주께 감사하옴은 나를 지으심이 심히 기묘하심이라 주께서 하시는 일이 기이함을 내 영혼이 잘 아나이다

지금 시편 기자는 감사하고 있습니다. 나를 지으심이 얼마나 신묘막측한지요, 시편 기자는 지금 경탄하고 있습니다. 그리고 감사하고 있습니다. 찬양을 올리고 있습니다.

"주님, 내가 주께 감사를 드립니다. 나를 얼마나 놀랍게 지어주셨는지요? 나는 독특한 창조물입니다. 나와 똑같은 사람은 하나도 없습니다. 나는 매우 소중한 하나님의 작품입니다."

내 인생을 향한 하나님의 기대가 있습니다. 나는 그 기대속에서 만

들어진 존재입니다. 나를 기대하고 내 삶 속에 간섭하시는 하나님, 내가 죄 가운데 있을 때 나를 그대로 버려 둘 수가 없어서 독생자 예수 그리스도를 보내시고 나를 구원하신 하나님, 그렇게 나를 소중히 여겨주신 하나님, 이 하나님의 은혜를 생각할 때에 우리가 할 수 있는 일은 하나 밖에 없습니다.

"하나님 감사합니다."

"하나님 찬양합니다."

감사와 찬양밖에 올릴 것이 없습니다. 나라는 존재에 대해서 이런 경이로운 감사가 있을 때, 경이로운 찬양이 있을 때 긍정적인 삶을 만들어 갈 수가 있습니다.

자신의 모습에 감사하시기 바랍니다. 나를 향해 놀라워하시기 바랍니다. 나에게 삶의 은총을 주신 하나님을 찬양하시기 바랍니다.

L. A. 올림픽 때 중국 여자 선수가 다이빙에서 금메달을 땄습니다. 인터뷰를 하는데 기자가 이렇게 물었습니다.

"당신은 동양선수로서 왜소한 체격을 극복하고 유연한 몸동작, 침착한 태도로 두려움을 극복하고 멋지게 다이빙에 성공해서 금메달을 따셨습니다. 그 비결이 무엇입니까?"

이때 그 여자 선수가 아주 흥미로운 대답을 했습니다.

"어머니 때문입니다. 내가 어렸을 때에 나는 100m 경주에 자주 나갔죠. 그런데 저는 자주 잘 넘어 졌습니다. 그 때마다 내 어머니는 늘 이렇게 말하곤 했답니다.

'사랑하는 딸아, 네가 일등 하는 것 보다 네가 넘어져서 일어날 때에 더 아름답게 보인단다.'

제가 다이빙을 시작할 때에 어머니는 걱정스러운 모습으로 와서 지켜봤죠. 때로는 실수하기도 하고 때로는 잘못 하기도 하는데 그때마다 어머니는 똑같은 말씀을 하셨습니다.

'일등은 문제가 아니야. 네가 운동하는 그 모습 그 자체가 나에게 기쁨이란다. 너를 보는 것이 내게 기쁨이야. 너를 보는 것이 나의 행복이야.'

저는 다이빙대에 설 때마다 어머니를 떠올립니다. 어머니를 생각하면 미소가 나옵니다. 저는 긴장이 풀어지고 침착한 모습으로 언제나 경기에 임할 수가 있습니다. 어머니 때문입니다."

저는 이 이야기를 들으면서 나의 하나님이 생각이 났습니다. 내가 인생의 길을 걸어가다가 넘어질 때에 하나님은 내게 말씀하십니다.

"나는 너에게 일등을 기대하는 것은 아니다. 내가 너에게 맡긴 일을 즐겁게 감당하며 최선을 다해 경주하다 넘어져도 괜찮아. 네가 힘들지만 다시 일어나는 모습이 더 아름답고 감동이다. 네가 진심으로 나를 의지하는 것, 내게 순종하려고 애쓰는 것을 나는 기뻐한다."

나를 보시고 웃으시는 하나님,

나를 보시고 사랑스러워하시는 하나님,

나를 보시고 미소 지으시며 눈으로 사랑한다 말씀하시고 안아주시는 하나님,

그 하나님이 저만의 하나님인가요?

아닙니다. 당신의 하나님, 우리 모두의 하나님이십니다.

여러분, 오늘 이 시간 다시 하나님의 사랑을 발견하시기 바랍니다. 그리고 나라는 존재를 사랑하고 감사하시기 바랍니다. 그리고 앞으로 살아가야 할 내 인생의 미래에 대해서 새로운 용기와 비전을 가지고 이렇게 기도해 봅시다.

"하나님, 살아갈 수 있는 삶의 은총과 기회를 주셔서 감사해요. 찬양해요.

하나님, 정말 감사합니다. 주님 의지하고 다시 일어날게요.

그리고 내 인생의 남은 날 주님의 기대처럼 계획처럼 살아갈게요. 제가 순종할 수 있도록 도와 주시옵소서."

오늘 하루, 힘들어도 포기하지 않고 지금까지 잘 견뎌준 나를 칭찬하고 격려해줍시다. 그리고 하나님이 만드신 아름다운 작품인 나를 감상하며, 하나님께 감사하는 하루가 되시기를 축원합니다.

| 무소꼬마즉모사 |

1. 무조건 감사: 나를 아름답게 지으신 하나님께 무조건 감사합니다.

2. 소리내어 감사: 내 존재를 지금까지 지켜주셔서 소리내어 감사합니다.

3. 꼬집어 감사: 키가 작아도 의미있는 삶을 살게 하시니 감사합니다.

4. 마음 가득 감사: 나의 존재가 이만하면 성공이죠! 행복한 마음으로 감사합니다.

5. 즉시 감사: 이 순간 살아숨쉬게 하시니 지금 즉시 감사합니다.

6. 모든 것에 감사: 내 인생의 삶을 돌아보면 부족과 실수도 있지만 그것도 주님께 맡기며 모든 것에 감사합니다.

7. 사람은 감감축: 미운 사람도 있고, 함께 하기 싫은 사람도 있지만 그때마다 나의 부족을 보게 하시니 감사하고 감사하고 그들을 축복합니다.

| 적용과 연습 |

무소꼬마즉모사를 매일 연습합니다. 위의 예를 가지고 연습해도 좋고 자신의 삶에 적용할 것이 있으면 적어서 연습해도 됩니다.

1. 무조건 감사

2. 소리내어 감사

3. 꼬집어 감사

4. 마음 가득 감사

5. 즉시 감사

6. 모든 것에 감사

7. 사람은 감감축

교회를 주셔서 감사합니다

| 말씀 | 요한복음 13:34-35

34 새 계명을 너희에게 주노니 서로 사랑하라 내가 너희를 사랑한 것 같이 너희도 서로 사랑하라
35 너희가 서로 사랑하면 이로써 모든 사람이 너희가 내 제자인 줄 알리라

　하나님은 우리에게 두 종류의 가족을 주셨습니다. 하나는 육적인 가족이고, 다른 하나는 영적인 가족입니다. 육적인 가족은 결혼과 출생으로 인해 형성되는 가족입니다. 육적 가족은 살다보면 사랑하는 가족 중 누군가 먼저 세상을 떠날 수도 있고, 헤어져 살아야 하는 경우도 있습니다.

　그러나 영적 가족은 영원히 함께하는 가족입니다. 영적 가족은 예수님의 피로 인해 하나된 영적 관계입니다. 하나님이 우리 아버지가 되시고 우리 모두는 영원한 형제 자매가 된 한 가족입니다.

　육적인 가족은 가족 공동체이고 영적인 가족은 교회 공동체입니다. 공동체는 서로의 운명에 대해 책임을 져주고, 서로의 감정과 생각과 삶에 대해 운명을 공유하는 만남입니다. 이러한 측면에서 교회 공동체는 영원한 하나님의 공동체입니다.

　공동체적 관계는 고독하지 않습니다.

　로마서 12장 5절에 '이와 같이 우리 많은 사람이 그리스도 안에서 한 몸이 되어 서로 지체가 되었느니라'고 말씀하신 것처럼 우리는 예수님과 한 몸입니다. 우리는 한 몸이기에 상호 의존적인 관계에 있고, 공동체적인 삶을 살아갑니다. 우리는 혼자서는 살 수 없습니다. 서로가 서로를 필요로 하는 존재입니다. '너' 없으면 '나'도 없고, '나' 없으면 '너'도 없습니다. 인생의 행복과 보람은 결코 혼자서 성취할 수 없습니다. 이렇게 교회는 영적으로 한 몸이 되었습니다 이제 우리는 실제적으로 생활 속에서 한 몸을 만들어가 보는 실천적 노력이 필요합니다.

　하지만 하나되기 어려운 요소가 두 가지 있습니다.

　첫째, 이기주의입니다.

　이기주의는 우리 마음속에 이런 생각을 불러일으킵니다. '함께 하면 손해다, 귀찮다'라는 생각입니다. 우리는 누군가에게 사랑을 기대하지만 우리 자신은 결코 수고하지 않으려 합니다. 이런 이기적인 마음은 아담의 원죄로부터 나온 타락된 마음입니다. 이것은 상처받은 마음 때문입니다. 인간의 마음은 본래 하나님 안에서 공동체적인 마음입니다. 사랑을 주고 받으며 더불어 사는 것이 본래 마음입니다.

그러나 타락한 인간은 그 마음이 깨어져서 상처받은 마음이 되었습니다. 상처받은 마음은 더 이상 상처받고 싶지 않기 때문에 그 마음이 오그라들어서 그 누구도 믿지 않는 불신을 갖게 됩니다. 그래서 더 이상 상처받지 않으려고 이기적이 되고 자기중심적이 됩니다. 이 마음을 놓아두면 둘수록 점점 소외되고 점점 더 외로운 길을 가게 됩니다.

둘째, 인간이 공동체로 함께 하기 어려운 마음은 두려움 때문입니다.

사람은 누구나 두려움이 있습니다. 이 두려움의 실체는 무엇일까요? '다른 사람들이 나를 무시하거나 우습게 여길지도 모른다. 다른 사람에게 나의 열등감, 부끄러움이 노출될지 모른다. 결국 나는 거절당하고 외면당할 것이다.'

이런 내면의 메시지가 있는데 이것이 드러날까봐 두려워서 함께 하지 못하는 것입니다. 두려운 마음을 감추기 위해 함께 하고 싶지만 함께 하지 않으려 하고, 모든 것을 나누고 싶어 하지만 상처받고 외면될까봐 두려워 떠는 것입니다. 이런 두려움 밑에 있는 핵심적인 마음은 거절감입니다. 거절감의 뿌리는 2가지입니다. 첫째는 인간의 원죄요, 둘째는 어린 시절 부모와 중요한 타인으로 부터 거절당한 상처입니다.

성도 여러분, 삶의 현실은 끊임없는 거절의 연속이기 때문에 우리는 지속적으로 거절을 받습니다. 그래서 더 이상 그런 아픔을 겪고 싶지 않은 것입니다. 그러므로 가족에게도, 친구에게도, 그 누구에게도 내 가슴 깊은 곳에 있는 마음을 열어주지 않는 것입니다. 이것이 인간입니다.

이런 우리를 치료하러 오신 주님은 상처받은 인간의 몸을 입고 오셨습니다. 가장 낮은 자의 자리에, 가장 낮은 자세로 오셔서 우리를 사랑하시고 자기의 모든 것을 다 우리에게 드러내 보여주셨습니다. 우리가 그런 주님을 거절하고 십자가에 못 박아 죽이고 외면해도 끝까지 우리를 사랑하십니다.

눅 23:34 아버지여 저들을 용서해주옵소서. 저들은 저들이 하는 것을 알지 못합니다

마지막까지 그 순수한 사랑으로 우리를 사랑하신 것입니다. 그래서 그 예수님과 함께 있으면 '나는 결코 거절당하지 않는구나, 버림받지 않는구나.'라는 사랑의 확신을 가지게 되는 것입니다. 이 주님의 사랑을 입은 성도, 또한 앞으로 그 사랑을 입기 원하는 사람은 그가 어떤 사람이라 할지라도 결코 예수님 안에서 버려지지 아니하고 배척되지 않는 것입니다. 그래서 우리는 예수님을 꼭 붙잡아야 합니다. 예수님의 사랑 때문에 인간관계의 모든 상처의 뿌리가 치료되고 회복되고 변화될 수 있기 때문입니다.

성도 여러분, 우리는 사람이 무서울 수 있습니다. 그러나 예수님을 의지함으로, 예수님 때문에 형제에게 나아갈 수 있습니다. 하나님을 신뢰하는 믿음으로 힘을 얻어 사랑을 시도합니다. 우리가 사랑으로 다가갈 때 상처를 받을 수 있습니다. 그러나 상대방이 나에게 상처를 주고 싶어서 주는 것이 아닙니다. 진심은 사랑하고 싶지만 나를 품을 수 있는 사랑의 능력이 부족하기 때문입니다. 그러므로 우리가 예수님의 사랑을 신뢰함으로 형제에게 지속적으로 나아가는 사랑의 용기를 가질 때 새로운 만남이 일어나는 것입니다.

본문 34절은 말씀합니다.

> 34 새 계명을 너희에게 주노니 서로 사랑하라 내가 너희를 사랑한 것같이 너희도 서로 사랑하라

이 말씀은 새롭게 이루어질 공동체의 성격이 '서로 사랑'이라는 것을 강조하고 있습니다. 예수님의 모든 가르침이 이것에 집중되고 있습니다. 열두 제자들과 깊은 관계를 맺으시고, 그들에게 공동체가 어떠한 것인지를 스스로 체득케 하셨습니다. 그들이 이루어야 할 모임의 특징은 한마디로 '사랑의 공동체'이어야 함을 경험케 하셨습니다.

또한 주님은 마지막 유언을 남기는 자리에서도 '서로 사랑하라'고 부탁하십니다. 주님이 말씀하신 '새 계명'은 '써 보지 않은 계명', 혹은 '알려지지 않은 계명' 이라는 의미입니다. 주님이 주시는 계명은 과거에 사용해보지 않은 새로운 계명이라는 것입니다.

과연 그렇습니까? '서로 사랑하라'는 계명이 과거에는 없던 새로운

것입니까?

레위기 19장 18절의 '네 이웃 사랑하기를 네 자신과 같이 사랑하라'는 율법의 계명은 어찌된 것입니까?

예수님은 왜 '새 계명'이라고 했을까요?

'네 이웃 사랑하기를 네 자신과 같이 사랑하라'는 옛 계명은 자기 사랑에 사랑의 기준을 둔 것입니다. 내가 이웃을 사랑하는 것이 내가 나를 사랑하는 만큼 사랑하는 것입니다. 이것은 내가 감당할 수 있는 만큼의 합리적인 수준이며 제한적인 사랑입니다.

그러나 새 계명은 예수님의 십자가 사랑에 근거한 신적 사랑의 성격을 갖고 있습니다. "내가 너희를 사랑한 것같이 너희도 서로 사랑하라"는 새 계명에서 우리에게 요구하는 것은 '형제끼리 서로 사랑하는 기준'을 '예수님께서 우리를 사랑하신 것'에 두라는 것입니다. 예수님이 어떻게 우리를 사랑하셨습니까? 예수님은 십자가에 못 박혀 죽는 자기희생에 근거하여 우리를 사랑하셨습니다.

35 너희가 서로 사랑하면 이로써 모든 사람이 너희가 내 제자인 줄 알리라

이 말씀은 우리가 예수님처럼 진실로 희생적인 사랑을 감당할 때 세상 사람들이 감동한다는 것입니다. 이 말씀의 핵심은 '너희가 서로 사랑하면'이라는 구절에 있습니다. 하나님을 사랑하는 것이 바로 형제를 사랑하는 것입니다. 그가 바로 하나님의 형상이기 때문입니다. 나만 관심 받고 싶어하는 이기적인 마음, 나만 사랑 받고 싶어하는 이

기적인 마음, 이 인간의 본성을 십자가의 사랑으로 치유합니다. 그리고 건강해진 마음으로 예수님이 주신 사랑과 행복을 흘려보내는 축복의 공동체를 만들어가는 것입니다.

이렇게 사랑의 공동체를 이루어 갈 때 우리가 하나님의 사람인 것을 세상 사람들이 알게 됩니다. 사랑이 없는 세대 속에서 서로 사랑하는 모습은 하나님이 살아계심을 보여주는 것이며, 이 세상에 위로와 치유, 소망을 주는 것입니다. 이것이 바로 축복의 공동체입니다.

우리 교회는 이러한 예수님의 희생적 사랑의 원리에 근거하여 사랑을 실천해 보려는 목표를 가지고 있습니다. 그래서 우리 교회는 참 좋은 교회입니다. 이런 교회의 목사라서 너무나도 감사합니다.

구체적으로 어떤 점들이 좋은 지 생각해보았습니다.

① 모든 교회가 다 좋은 교회이지만 우리 교회 역시 좋은 교회입니다. 왜냐하면 성도들이 서로 사랑하라는 말씀에 동의하고 살아가기 때문입니다. 그래서 참 감사합니다.

② 우리 교회는 참 좋은 교회입니다. 성도들이 따뜻한 마음을 품으려 노력하기 때문입니다. 원래 사람은 끼리끼리 모입니다. 공격적인 사람은 공격적인 사람끼리, 권위적인 사람은 권위적인 사람끼리 과격한 사람은 과격한 사람끼리 소심한 사람은 소심한 사람끼리, 끼리끼리 모이게 되어 있습니다. 제가 사람들을 존중하는 따뜻함을 가지려 노력하기 때문에 우리 교회에는 그런 사

람들이 많이 모입니다. 새가족 모임을 보십시오. 서로를 향해 공격하는 분들이 없습니다. 다른 사람에게 부담을 주고 몰아가지 않습니다. 저희 교회는 주로 따뜻하고 부드러운 사람들이 많이 오십니다. 그러므로 참 좋은 교회입니다. 그래서 참 감사합니다.
③ 우리 교회는 참 좋은 교회입니다. 말씀 중심의 복음적 교회이기 때문입니다. 삶의 최종적 가치는 우리가 믿는 정의가 아니라 하나님의 말씀이 최고의 권위임을 아는 말씀 중심의 교회입니다. 그래서 참 감사합니다.
④ 우리 교회는 참 좋은 교회입니다. 성도들이 사랑의 훈련이 잘 되어 있기 때문입니다. 교회는 다양한 사람이 모여 있는 집단이기 때문에 사람 사이에 관계를 잘 해나가는 관계 기술과 능력이 중요합니다. 그런데 우리 교회는 이런 훈련이 잘 되어 있는 분들이 많습니다. 그래서 참 감사합니다.
⑤ 우리 교회는 참 좋은 교회입니다. 영혼들을 사랑하여 그들을 구원하고 건강한 인격으로 세워 가기 위해 세계 선교와 지역 선교에 대한 비전과 꿈이 있기 때문입니다. 그래서 참 감사합니다.

우리 교회를 주신 하나님께 감사하는 성도 되시길 축원합니다.

| 무소꼬마즉모사 |

1. 무조건감사: 대한민국의 많은 교회 중 사랑과 화목이 넘치는 우리교회에 속하고 심수명 목사님의 말씀으로 은혜 받게 하시는 하나님, 무조건 감사합니다.

2. 소리내어 감사: 다니엘 세이레 기도를 통해 눈물로 기도하게 하시고, 불순종의 지난 삶을 회개하게 하시며 희망과 소망을 다시 품게 해주시는 하나님 소리내어 감사합니다.

3. 꼬집어 감사: 어려운 고난과 연단을 주시고 스스로 깨우치고 극복하게 도와주시는 하나님! 더 크신 목적으로 쓰임받게 하시려 하심을 알기에 꼬집어 감사드립니다.

4. 마음 가득 감사: 돌이켜 보면 제가 원하는 시기와 때가 아니었지만 지금까지 기도를 하나하나 다 들어주시고 계시는 나의 하나님께 마음 가득 감사합니다.

5. 즉시 감사: 작은 것에 행복해 할 줄 알고 매순간 즉시 감사하며 좋지 않은 일에도 감사함으로 살아가게 해주시는 하나님 감사합니다.

6. 모든 것에 감사: 가족 모두가 우리교회 식구가 되게 하시고 저희가 가진 작은 것에도 감사하며 주일을 기다리며 주일이 가장 행복한 날이 되었습니다. 하나님 이 모든 것에 감사합니다.

7. 사람은 감감축: 믿지 않는 자에게 하나님이 나와 함께 항상 계심을 증거하고 간증할 수 있는 믿음과 용기를 주신 하나님, 지금은 미약하나 많은 사람에게 감사하며 감사를 주며 축복할 수 있는 청지기가 되게 해 주셔서 감사합니다.

| 적용과 연습 |

무소꼬마즉모사를 매일 연습합니다. 위의 예를 가지고 연습해도 좋고 자신의 삶에 적용할 것이 있으면 적어서 연습해도 됩니다.

1. 무조건 감사

2. 소리내어 감사

3. 꼬집어 감사

4. 마음 가득 감사

5. 즉시 감사

6. 모든 것에 감사

7. 사람은 감감축

5
헌신할 수 있게 하셔서 감사합니다

| 말씀 | 요한복음 12:1-8

1 유월절 엿새 전에 예수께서 베다니에 이르시니 이 곳은 예수께서 죽은 자 가운데서 살리신 나사로가 있는 곳이라
2 거기서 예수를 위하여 잔치할 새 마르다는 일을 하고 나사로는 예수와 함께 앉은 자 중에 있더라
3 마리아는 지극히 비싼 향유 곧 순전한 나드 한 근을 가져다가 예수의 발에 붓고 자기 머리털로 그의 발을 닦으니 향유 냄새가 집에 가득하더라
4 제자 중 하나로서 예수를 잡아 줄 가룟 유다가 말하되
5 이 향유를 어찌하여 삼백 데나리온에 팔아 가난한 자들에게 주지 아니하였느냐 하니
6 이렇게 말함은 가난한 자들을 생각함이 아니요 그는 도둑이라 돈궤를 맡고 거기 넣는 것을 훔쳐 감이러라
7 예수께서 이르시되 그를 가만 두어 나의 장례할 날을 위하여 그것을 간직하게 하라
8 가난한 자들은 항상 너희와 함께 있거니와 나는 항상 있지 아니하리라 하시니라

교회에 가려는 아이에게 엄마가 500원짜리 두 개를 주었습니다. 오른손에 동전 하나를 올려주면서 '이것은 하나님 앞에 드릴 헌금이야.'라고 말하고 왼손에 동전 하나 올려주면서 '이것은 예배 끝나고 오면서 더운데 아이스크림 사먹어라.'고 말을 하였습니다. 아이는 아주 기쁜 마음으로 깡충깡충 뛰면서 헌금, 아이스크림, 즐겁게 외치면서 뛰어갑니다. 이렇게 뛰어가다가 그만 아이스크림 사먹을 왼손의 동전을 하수구에 흘려버리고 말았습니다. 한참 찾다가 못 찾자 아이가 오른손에 있던 동전을 슬그머니 왼손으로 옮기면서 "에이, 헌금이 하수구에 빠져버렸네."라고 말을 합니다.

참 우습지만, 인간의 약함을 잘 보여주는 유머입니다.

본문에 보니 베다니 마을에서 예수님을 위한 잔치가 벌어졌습니다. 이 잔치에 참석한 마리아는 자신이 주님을 위해 오랫동안 준비한 것을 바치고 싶었습니다. 예수님이 자신에게 너무 소중한 분이요 나의 구세주입니다. 그래서 예수님께 자신의 전부와 사랑을 드리는 심정으로 값비싼 향유가 들어 있는 옥합을 깨뜨리는 것입니다. 본문의 마리아는 죽은 지 나흘 만에 주님께서 부활시킨 나사로의 동생입니다.

옥합을 깨뜨리는 이야기는 마태복음과 마가복음에도 기록되어 있는 유명한 사건입니다. 마태와 마가는 이 사건을 기록할 때 '나사로'라는 이름도 쓰지 않고, 당사자인 마리아까지 실명으로 쓰지 않습니다. 그냥 '한 여자'라고 말하고 있습니다. 그 이유는 공관복음을 기록할 그 당시의 종교 지도자들이 아직 살아있는 나사로를 죽이려 했기 때문입니다. 그래서 복음서 저자들은 나사로의 가족을 적대시하던 당국자들의 눈을 피할 목적으로 실명을 쓰지 않았습니다. 그러나 1세기 후반 요한이 본서를 기록할 때는 이 모든 사람들이 별세한 30년 이후였기 때문에 안심하고 실명(實名)을 밝혔습니다.

본문의 마리아에게서 발견하는 감사의 헌신은 두 가지 큰 특징이 있습니다.

첫째로, 최고의 것을 드리는 감사입니다.

본문에 보면 마리아가 드린 향유가 '순전한' 곧 불순물이 하나도 섞이지 않은 나드 향유라고 소개합니다. 이 나드 향유는 이스라엘에서 생산되지 않고 멀리 아라비아나 인도에서 수입해서 사용하는 아주 비싸고 귀한 향유였습니다. 계산에 밝은 가룟 유다가 평가해 볼 때 삼백 데나리온에 해당된다고 말하고 있습니다. 요즈음 우리 돈으로 환산하면 약 2000만원 정도의 큰 금액입니다. 마리아는 부모님이 계시지 않고 오빠와 언니하고 함께 살고 있습니다. 그렇게 넉넉한 집이라고 볼 수 없습니다. 그러므로 마리아의 준비는 많은 희생을 지불한 것입니다. 마리아는 그 옥합을 가지고 왔습니다. 그리고 주저없이 깨뜨려 예수님의 머리에 부었습니다.

마리아는 자기의 최고를 드렸습니다. 아마 마리아가 보통 수준의 헌신을 한다면 작은 향유를 사서 예수님의 머리에 조금 붓는 정도로 만족할 수 있었을 것입니다. 그러나 마리아는 달랐습니다. 그는 예수님의 몸 전체에 부을 수 있는 향유를 준비했습니다. 그 모습을 보고서 돈궤를 맡고 있던 가룟 유다가 불평하기 시작합니다. 가룟 유다의 생각에는 마리아의 행위가 낭비처럼 여겼습니다. 차라리 그 돈으로 가난한 사람을 구제하는 것이 훨씬 더 낫겠다고 공개적인 비판을 하였습니다. 그러나 가룟 유다에 대한 성경의 해석은 6절에 '…. 가난한 자들을 생각함이 아니요 저는 도적이라….'고 그 악함을 고발하고 있습니다.

세상에는 크게 두 종류의 사람이 있습니다. 늘 원망하는 사람과 늘 감사하는 사람입니다. 은혜를 받고서도 오히려 불평과 원망을 일삼는 사람은 본문에 나온 가룟 유다와 같은 사람입니다. 그는 예수님과 함께 있으면서 온갖 기적을 맛보고 은혜로운 말씀을 들으면서도 마음 속에 감사의 마음이 전혀 없습니다. 은혜를 받고서도 불평이 떠나지 않습니다. 늘 비판적입니다. 자신은 감사하지 않으면서 예수님께 감사하고 헌신하려는 자를 비판합니다. 이러한 사람이 결국 예수님을 팔아먹는 자가 되는 것입니다. 사람은 본성적인 이기심 때문에 늘 영적으로 깨어있지 않으면 감사하기 어렵습니다.

예수님이 열 명의 나병환자를 고쳐주신 사건에서도 그 모든 것이 잘 드러납니다. 예수님이 어떤 마을을 지나가게 되었습니다. 그 마을 어귀에는 열 명의 나병 환자들이 살고 있었습니다. 저들은 예수님께서 자기들 앞을 지나가신다는 소식을 듣게 되었습니다. 저들은 가까이 오지 못하기 때문에 멀리서 소리쳤습니다.

"예수 선생님이여! 우리를 불쌍히 여겨 주옵소서!"

예수님이 그 소리를 듣고 저들을 긍휼히 여기셨습니다. 그래서 예수님은 저들을 향해 말씀을 하셨습니다.

"가서 너희 몸을 제사장에게 보여라!"

예수님 당시에는 나병 환자들이 비록 깨끗하게 치유된다 하더라도 반드시 제사장 앞에 가서 증명서를 받도록 되어 있었습니다. 증명서를 받아야 동네에 내려와 살 수가 있었습니다. 그래서 이 나병 환자들은 예수님의 말씀을 듣고 믿는 마음으로 제사장에게 나아갔습니다. 이 믿음이 귀한 것입니다.

"제사장에게 가서 보여주어라"

"아니, 지금 낫지 않았는데 어떻게 보여주나요?"

믿음이 없고, 순종이 없으면 기적도 없습니다. 그런데 그들이 믿음으로 가는 도중에 몸이 깨끗하게 나았습니다. 열 사람 모두가 깨끗함을 입었습니다. 자기 몸이 나아진 것을 확인한 열 명 중 한 사람은 가던 걸음을 돌이켰습니다. 예수님에게 다시 돌아왔습니다. 그는 예수님의 발 앞에 꿇어 엎드려서 예수님에게 감사의 경배를 드렸습니다. 그때 예수님께서 무엇이라고 말씀하셨습니까?

"너희, 열 사람 모두가 깨끗함을 입지 않았느냐? 그런데 그 나머지 아홉은 어디 갔느냐?"

보세요. 사람이 감사하기가 얼마나 어려운지요? 열 명 중 한 명이 감사합니다. 예수님께서 얼마나 안타까우셨으면 그러한 탄식을 하셨겠습니까? 감사의 마음을 가지고 돌아온 한명의 나병환자는 주님으로부터 질병의 치유뿐 아니라 "네 믿음이 너를 구원하였느니라"는 말씀으로 영혼 구원까지 받게 됩니다.

예수님은 마리아의 지극한 감사와 사랑을 읽으셨습니다. 그래서 예수님은 말씀하셨습니다.

"저를 가만히 두어라. 저는 지금 나의 장사할 날을 미리 예비하고 있는 것이다." 지금 마리아의 행동은 예수님이 인류구원을 위해 십자가에 죽으실 그 장례를 돕고 있다고 저를 칭찬합니다.

그러면서 예수님은 마가복음 14장 9절에서 마리아를 아주 크게 축복하셨습니다.

"내가 진실로 너희에게 이르노니 온 천하에 어디서든지 복음이 전파되는 곳에는 이 여자가 행한 일도 말하여 그를 기억하리라 하시니라"

그녀의 감사와 헌신은 사라지지 않고 오늘도, 내일도 영원토록 전해지게 될 것입니다. 우리 역시 마찬가지입니다. 주님을 위해서 영혼 구원을 위해서 헌신한 모든 것은 하늘나라에 기록되어 영원히 기념될 것입니다. 오늘 이 시간 주님 앞에 나와 하나님나라를 위해 기도하는 것도 하나님께서 기억해 주실 것입니다. 이 얼마나 놀라운 축복입니까?

저는 마리아의 감사를 보면서 우리도 영원히 하나님 나라에 기억되는 감사와 헌신의 삶이 더 많기를 소원하는 마음이 생겼습니다. 주님께서 십자가에서 흘리신 보혈로써 우리 모두는 구원함을 받았습니다. 그렇다면 당연히 마리아와 같이 우리도 감사로 나아가는 용기가 있어야 할 것입니다. 옥합을 깨뜨릴 용기가 있는 사람만이 향유 냄새 가득한 감사로 하나님께 영광 돌리고 많은 사람들에게 축복을 베풀 수 있습니다. 그럴 때 우리는 더 큰 영육간의 형통함으로 채워지게 됩니다. 마리아의 감사는 최고의 것을 드리는 감사였습니다.

둘째로, 마리아의 감사의 헌신은 적극적인 표현으로 나타났습니다.
마리아는 예수님의 머리에 향유를 붓는 것으로 만족하지 않았습니다. 예수님의 온 몸에 향유를 붓는다는 심정으로 예수님의 발에 향유를 부었습니다. 그 마음에 주님을 향한 사랑이 얼마나 강렬했는지, 여인의 생명과도 같은 귀한 머리를 풀어서 예수님의 발을 씻겨 드렸습니다.
'자기의 머리털로 씻었다'고 하는 것은 아주 큰 의미가 있습니다. 여성의 머리카락은 여성에게는 자부심입니다. 그런데 머리카락으로 남의 더러운 발을 씻어준다는 것은 엄청난 존경과 감사의 마음이 없이는 불가능한 행동입니다. 마리아는 이러한 행위를 통해 예수님에 대한 깊은 사랑과 감사를 보여준 것입니다.

예수님 당시의 문화는 여성을 아주 천시하는 문화였기 때문에 여자가 공개적으로 랍비에게 와서 향유를 붓는다는 것은 엄청난 용기가 없이는 불가능한 일입니다. 머리카락으로 발을 씻을 때 사람들이 얼마나 비난하고 수근 거릴지 마리아가 몰랐을까요? 그렇지 않습니다.

본래 마리아는 행동하는 여성이 아니라 사색하는 여인이었습니다. 누가복음 10장에 보면, 예수님께서 마리아의 집에 오셨을 때 마리아의 언니 마르다는 음식을 준비하느라 분주했지만 마리아는 예수님의 발 앞에 앉아 열심히 말씀을 듣고 대화하는 조용한 여인이었습니다.

이를 통해 추측해 볼 때 마리아는 생각이 많고 고민이 많은 성향의 사람이었을 것입니다. 그렇다면 자기가 아무리 예수님께 감사하고 예수님을 사랑한다 할지라도 너무 적극적으로 행동한다면 사람들에게 어떤 평가를 받을지 알았을 것입니다. 그럼에도 불구하고 마리아는 그 모든 편견과 사람들의 시선을 극복하고 감사를 적극적으로 표현했습니다.

마태복음 27장에 보면 마리아에게 그와 같은 결단이 있었기에 예수님께서 십자가에서 달리실 때 모든 제자들은 다 도망가고 말았지만 마리아만큼은 끝까지 십자가 밑에서 예수님을 지켜보고 있었던 것입니다.

사랑하는 성도 여러분, 우리도 감사를 적극적으로 표현하는 믿음이 있어야 할 것입니다. 그때 하나님의 나라의 놀라운 축복과 은혜를 입게 됩니다. 사도행전 5장에 아나니아와 삽비라 부부를 보십시오. 저들에게는 옥합을 깨뜨리는 적극적인 결단이 없었습니다. 저들에게 하나님의 은혜가 임할 때 자기의 밭을 팔아서 하나님께 다 바치기로 서약하였습니다. 그러나 막상 다 바치려고 하니 얼마나 어렵습니까? 그 유혹을 믿음으로 결단하고 '주여! 죽으면 죽으리이다.' 하고 적극적으로 행동했다면 하나님이 얼마나 놀라운 축복을 주셨겠습니까?

그런데 자꾸만 타협합니다. 사탄의 소리에 주저합니다. 악한 마귀는 가룟 유다처럼 그들을 향해서 유혹합니다.

'그것은 낭비라고, 그것은 멍청한 짓이라고, 아깝지 않냐고, 그러면 네가 망해…' 그래서 주저주저 하다가 마음이 바뀌어 반만 드리고 말았습니다. 그 결과 이 부부는 하나님을 속인 죄로 비참하게 죽음을 맞이했습니다.

우리의 문제는 주님의 은혜가 얼마나 큰지 알면서도 이런 저런 핑계를 대면서 실제로 감사를 적극적으로 표현하지 못하는 것입니다. "나는 믿음이 부족해서, 나는 물질이 없으니까, 나는 건강이 좋지 못하니까, 아직 나의 기도가 응답되지 못해서 하나님께 드릴 수 없다." 믿음으로 감사해야 삶이 달라지는데 결단을 하지 못합니다.

어떤 사람은 감사를 소 젖을 짜는 일에 비유했습니다. 소 젖을 다 짜고 나면 그 다음날 짤 것이 없을 것 같지만 그것은 잘못된 생각이요 쓸데없는 걱정이라는 것입니다. 그 다음날이 되면 또 짤 것이 생깁니다. 그런데 아까워서 매일 짜지 않고 가만히 내버려두면 오히려 젖이 엉겨서 더 이상 짤 수가 없게 되고 마는 것입니다.

성도 여러분, 적극적으로 감사를 표현하면 하나님이 계속 더 큰 감사의 조건들을 허락하십니다.

본문에 보면 예수님께서 마지막 8절에 이런 말씀을 했습니다.

> 8 가난한 자들은 항상 너희와 함께 있거니와 나는 항상 있지 아니하리라

자녀가 부모에게 효도하고 싶지만 부모가 늘 기다려 주는 것은 아닙니다. 마찬가지입니다. 우리가 주님께 감사드리는 것도 때가 있습니다.

"보라 지금이 구원 얻을 때요 보라 지금이 은혜 받을 때라!"

그렇습니다. 우리가 옥합을 깨뜨릴 때가 바로 지금입니다. 주님이 재림하시거나, 혹은 주님이 오라 하셔서 죽으면 더 이상 감사의 헌신을 할 수가 없습니다. 내일로 미루지 말고 오늘 감사합시다. 감사하겠다는 결심을 하고 실천에 옮기는 성도가 되시길 축원합니다.

사람이 무엇으로 심든지 그대로 거두는 때가 반드시 옵니다. 물질이나 봉사나, 하늘나라에 부지런히 저축해 두면 세상에서도 거두고, 하늘나라에서 영원한 상급으로도 거두게 됩니다.

고린도후서 9장 6-7절에 말씀합니다.

> 6 이것이 곧 적게 심는 자는 적게 거두고 많이 심는 자는 많이 거둔다 하는 말이로다

7 각각 그 마음에 정한 대로 할 것이요 인색함으로나 억지로 하지 말지니 하나님은 즐겨 내는 자를 사랑하시느니라

지금 가난해도 먼 훗날 당신의 후손이 물질의 축복을 받기를 원한다면 부지런히 하나님께 심으십시오. 옛날 시골에서는 펌프질을 해서 물을 먹었습니다. 그런데 펌프를 계속 쓰지 않으면 펌프에 물이 없어서 지하에 있는 물을 길어낼 수 없습니다. 이때는 물을 다른데서 가져다가 부어야 합니다. 그 후 물을 열 통, 스무 통 얻을 수 있게 되는 것처럼 형편이 어려워도 성실하게 십일조 드리고, 감사하기 어려워도 믿음으로 감사예물을 가지고 주님께 나아가면 축복을 거두는 날이 오는 것입니다.

누가복음 6장 38절에 말씀합니다.

눅 6:38 주라 그리하면 너희에게 줄 것이니 곧 후히 되어 누르고 흔들어 넘치도록 하여 너희에게 안겨 주리라

하나님의 뜻대로 헌금하고 필요한 자를 도와주면 그 이상으로 흔들어 넘치도록 해서 안겨 주시겠다는 말씀입니다. 바치는 크기만큼, 도와주는 그 믿음만큼 하나님이 축복하시겠다고 말씀하십니다.

하나님께 드리는 것만이 아니라 도움이 꼭 필요한 사람에게 주님의 이름으로 돕는 것도 하나님께 저축하는 것입니다.

잠언 19장 17절에 말씀합니다.

잠 19:17 가난한 자를 불쌍히 여기는 것은 여호와께 꾸어 드리는 것이니 그의 선행을 갚아 주시리라

우리 주변의 가난한 자에게 주님의 마음으로 베푸는 것은 하나님이 반드시 기억하십니다. 자녀교육을 할 때 하나님께 헌금을 드리는 것이나 이웃을 돕는 것에 대해서 교육해야 합니다.

우리는 강영우 박사를 잘 압니다. 일찍 부모를 여의고 고아가 되었습니다. 그런데 13살 때 축구공에 맞아 시력까지 잃은 강박사님은 소경이 되었습니다. 하지만 그는 희망을 버리지 않고 하나님을 의지하였습니다. 그 당시 소년 강영우는 간절히 기도했습니다.

"하나님, 제 눈을 고쳐 주세요!"

그러나 끝내 하나님의 음성은 들리지 않았습니다. 훗날 강박사는 그날의 캄캄한 새벽을 떠올리며 이렇게 고백했습니다.

"만약 그때 하나님께서 'Yes'하시고 눈을 뜨게 하셨다면 아마도 저는 공장에 취직을 했을 겁니다."

소경이었기 때문에 할 수 있는 것이 공부밖에 없어 공부했습니다. 그 후, 1972년 국제로터리재단 장학생으로 선발되어 미국 피츠버그대학에 유학했습니다. 그리고 한국 최초의 시각장애인 출신 미국 박사가 되었습니다. 이후 한국인으로는 처음으로 백악관 정책차관보까지 올랐습니다.

그런데 그가 췌장암 말기 진단을 받고 죽음을 준비하고 있을 때 그의 나이 68세입니다. 강 박사는 자신의 운명을 담담히 받아들였습니다. 마지막 시간을 아내와 함께 보내기로 하고 지난 주에는 아예 병원에서도 퇴원했습니다. 그는 성탄절, 자신을 걱정하는 지인들에게 이

메일을 보냈습니다. 한 달 시한부 삶을 앞둔 작별인사였습니다.

"두 눈을 잃고 한평생 너무 많은 것을 얻었습니다."
"여러분이 저로 인해 슬퍼하거나 안타까워하지 않길 바랍니다."
"누구보다 행복하고 축복 받은 삶을 살아 온 제가 이렇게 주변을 정리하고 사랑하는 사람들에게 작별인사를 할 시간을 허락 받아 감사합니다."

그는 차분히 말하며 끝을 맺었습니다.

"한 분 한 분 찾아 뵙고 인사 드려야 하겠지만 그렇게 하지 못하는 점을 너그러운 마음으로 이해해주기 바랍니다. 여러분들로 인해 저의 삶이 더욱 사랑으로 충만했고 은혜로웠습니다."

강박사님의 암 소식을 듣고 어떤 분이 그의 치료를 위해 시가 3억원 상당의 산삼을 전달하려 했습니다. 그때 강박사님은 어떤 치료도 거부하고 하나님이 부르시는 부름에 순종하고 싶다고 하였습니다. 그래서 그 약은 고통받는 다른 분에게 전해달라며 사양했다고 합니다.

많은 사람들에게 희망과 용기를 주었던 강박사님은 죽음에 직면해서도 세상과 아름다운 작별을 고함으로 우리들에게 선물을 주었습니다. 그리고 남은 재산을 정리해서 국제로터리재단에 장학금을 기부했습니다. 자신의 재산을 자식에게 물려주지 않았습니다. 강박사님이 20만 달러, 그의 두 아들이 각각 2만 5천 달러씩, 총 25만 달러를 모아 기부했습니다. 우리 돈으로 약 3억 5천만원 정도입니다.

강박사님은 '세계 곳곳에서 벌어지는 갈등을 없애고 평화를 만들어 가기 위해 공부하는 학생들에게 장학금을 기부하고 싶다'고 고백했습니다. 함께 기부에 동참한 둘째 아들은 '40년 전 아버지를 위한 장학금이 없었다면 우리 가족은 이 자리에 있을 수 없었다'면서 기부 이유를 밝혔습니다. 아버지가 사회로부터 받은 은혜에 그 자식들도 감사로 표현한 것입니다.

저는 강박사님이 자신의 삶을 아름답게 마무리하는 것에도 감동했지만, 자식들에게 기부에 동참하게 한 것이 더 큰 감동이 되었습니다. 자식들에게 진정한 인간애를 교육시켰기 때문입니다. 저는 강영우 박사님이 너무 부러웠습니다. 그의 신앙, 그의 감사, 그의 아름다운 자녀들, 나누는 그 따뜻함….

성도 여러분, 우리가 주님께로부터 받은 사랑과 은혜를 나사로나 마리아, 마르다 3남매가 받은 것과 비교해 볼 때 얼마나 더 큰 은혜를 입었습니까? 우리는 놀라운 십자가의 사랑을 받았습니다. 마리아는 오빠 나사로를 살리는 은혜를 받았지만 우리는 주님의 목숨, 그 생명을 선물로 받았습니다. 나사로의 생명과 주님의 생명을 어찌 감히 비교할 수 있겠습니까?

그러므로 우리는 마리아 못지않게 주님께 감사하는 마음으로 우리의 삶을 드리며 헌신할 수 있어야 합니다. 그 후에도 우리는 당연히 해야 할 일을 한 것 뿐이라고 겸손히 고백하는 자가 되어야 합니다.

마리아처럼 감사의 헌신으로 감사를 행동으로 보여 행복한 삶을 누리는 성도되시길 축원합니다.

| 무소꼬마즉모사 |

1. 무조건 감사: 새 날, 새 생명주신 하나님께 무조건 감사합니다.

2. 소리내어 감사: 아침 식사를 할 수 있게 하시니 소리내어 감사합니다.

3. 꼬집어 감사: 미역국에 반찬은 배추김치, 총각김치로 조촐하지만 건강에 좋은 쇠고기 미역국, 영양이 풍부하고 맛있는 김치라서 꼬집어 감사합니다.

4. 마음 가득 감사: 아름다운 클래식 음악을 들으며 사랑하는 남편과 함께 하는 식사시간, 마음 가득 감사합니다.

5. 즉시 감사: 식사 중 희망적인 얘기, 감사에 대한 재미있는 생각들을 서로 지지해주며 나누니 즉시 감사합니다.

6. 모든 것에 감사: 새 날, 새로운 마음, 사랑과 감사로 충만한 남편, 맛있는 음식, 좋아하는 음악, 모든 것이 감사합니다.

7. 사람은 감감축: 마음 속에 살아계시는 주님이 계심에도 여전히 감사하지 못하고 불평한 나를 참아준 가족에게 감사하고 감사하며 축복합니다.

| 적용과 연습 |

무소꼬마즉모사를 매일 연습합니다. 위의 예를 가지고 연습해도 좋고 자신의 삶에 적용할 것이 있으면 적어서 연습해도 됩니다.

1. 무조건 감사

2. 소리내어 감사

3. 꼬집어 감사

4. 마음 가득 감사

5. 즉시 감사

6. 모든 것에 감사

7. 사람은 감감축

6

기도하게 하셔서 감사합니다

| 말씀 | 시편 57:6-11

6 그들이 내 걸음을 막으려고 그물을 준비하였으니 내 영혼이 억울하도다 그들이 내 앞에 웅덩이를 팠으나 자기들이 그 중에 빠졌도다 (셀라)
7 하나님이여 내 마음이 확정되었고 내 마음이 확정되었사오니 내가 노래하고 내가 찬송하리이다
8 내 영광아 깰지어다 비파야, 수금아, 깰지어다 내가 새벽을 깨우리로다
9 주여 내가 만민 중에서 주께 감사하오며 뭇 나라 중에서 주를 찬송하리이다
10 무릇 주의 인자는 커서 하늘에 미치고 주의 진리는 궁창에 이르나이다
11 하나님이여 주는 하늘 위에 높이 들리시며 주의 영광이 온 세계 위에 높아지기를 원하나이다

본문 시편 57편의 배경은 '다윗이 사울을 피하여 굴속에 숨어서 부른 노래'라고 설명합니다. 다윗은 사울을 피하여 아둘람굴과 엔게디 굴속에 숨어 불안한 나날을 보내고 있었습니다. 이런 절박한 상황 속에서 기도합니다.

"하나님, 나를 불쌍히 여겨 주십시오. 제발 나를 멸망시키지 마십시오. 이 불안한 나날을 빨리 끝나게 해 주십시오. 나를 버리지 말아 주십시오."

애절하게 몸부림치며 기도하는 가운데 하나님을 만나게 됩니다. 그러자 순식간에 흔들리던 마음이 안정되고 한숨이 변하여 찬송이 되었습니다. 눈물이 변하여 기쁨의 노래가 흘러나왔습니다.

> 7 하나님이여 내 마음이 확정되었고 내 마음이 확정되었사오니 내가 노래하고 내가 찬송하리이다

얼마나 기쁜지요, 얼마나 힘이 나는지요? 그러나 삶의 문제가 주는 무게가 너무 큽니다. 우리 삶의 문제는 하루아침에 다 해결되지 않을 수 있습니다. 다윗 역시 마찬가지였습니다. 사울은 여전히 다윗을 추격하고 다윗은 도망자 신세입니다. 공포와 불안이 엄습하던 어느 날 밤, 다윗은 밤잠을 이루지 못하고 전전긍긍하다가 '이대로 힘들어하고만 있을 수 없다. 고통 가운데 내가 할 수 있는 일이 무엇일까?' 몸부림칩니다. 그때 기도하고 싶은 마음이 일어났습니다. 그래서 새벽 녘 하나님 앞에 무릎을 꿇었습니다. 전능하신 하나님의 이름을 불렀습니다. 자신의 처지를 눈물로 호소했습니다.

"주님, 나를 도와 주시옵소서."

8 내 영광아 깰지어다 비파야, 수금아, 깰지어다 내가 새벽을 깨우리로다

여기 영광이라는 단어를 NIV성경은 my soul 즉, '내 영혼아 깰지어다' 라고 표현하고 있습니다. '내가 새벽을 깨우리로다.' 그가 얼마나 고통에 몸부림치며 새벽을 맞이했겠습니까? 바로 그 순간 신비한 응답을 받게 되었습니다.

"내가 너와 함께 하느니라 내가 너를 떠나지 아니하리라 내가 너를 이미 붙들고 있느니라 두려워하지 마라"

그 순간 아침이 밝아옵니다.
'아! 하나님은 새벽에 도우시는 하나님이시구나! 하나님의 역사는 새벽에 나타나는구나!' 하나님의 축복과 은혜는 아침에 나타난다는 신비로움을 깨닫게 됩니다. 다윗은 새벽의 신비를 깨달은 신앙인이었습니다. 다윗은 자신의 믿음이 새벽에 받은 은혜임을 시편 여러 곳에서 고백하고 있습니다.

① 시편 5:3 "여호와여 아침에 주께서 나의 소리를 들으시리니 아침에 내가 주께 기도하고 바라리이다"

② 시편 46:5 "…새벽에 하나님이 도우시리로다"

③ 시편 88:13 "여호와여 오직 내가 주께 부르짖었사오니 아침에 나의 기도가 주의 앞에 이르리이다"

④ 시편 119:147-148 "내가 날이 밝기 전에 부르짖으며 주의 말씀을

바랐사오며 주의 말씀을 조용히 읊조리려고 내가 새벽녘에 눈을 떴나이다"

이처럼 다윗은 새벽의 사람이었습니다. 다윗이 받은 그 엄청난 은혜들은 새벽에 하나님을 만났기 때문이었습니다. 새벽은 하나님을 만나기 가장 좋은 시간입니다. 물론 하나님을 만나는 시간이 따로 있는 것은 아닙니다. 하나님은 우리의 일상생활 가운데 늘 함께 하시는 분이시기에 낮에도 밤에도 만날 수 있습니다. 하나님은 언제 어디서나 우리를 만나 주시는 분이십니다. 그러나 신앙의 위인들은 새벽에 자주 하나님을 만났습니다. 하나님은 새벽에 큰 역사를 이루셨기 때문입니다.

우리 주님께서도 '새벽 오히려 미명'에 기도하셨다고 성경은 기록하고 있습니다. 물론 예수님께서 매일 새벽 빠짐없이 규칙적으로 기도하셨다는 뜻은 아닙니다. 그래서 새벽기도를 율법적으로 적용하여 새벽기도를 할 수 없는 어린 신자들을 비판하는 것은 옳지 못합니다.

하지만 내가 정해진 새벽시간에 기도할 수 있다면 남다른 은혜를 체험하고 살아가는 것입니다. 얼마나 감사한 일인지요? 분명한 것은 새벽이 기도하기에 가장 좋은 시간이라는 점입니다. 새벽기도는 한국 교회의 자랑입니다.

다니엘 세이레 기도회처럼 특별한 시간에 모든 성도들이 함께 깨어 새벽에 기도한다는 것은 기도하는 개인에게도 대단한 축복이지만, 교회 역시 사명을 감당할 수 있는 힘을 얻게 되니 참으로 감사한 일입니다. 온 교회가 깨어 합심으로 기도할 때 하나님이 역사하시고 축복하시는 커다란 유익과 힘을 얻을 수 있습니다.

창세기 19장 27절을 보면 아브라함이 소돔과 고모라에 임하는 심판의 불 속에 뛰어 들어가 조카 롯을 구해달라고 천사의 허리춤을 붙들고 애원했던 때가 바로 이른 새벽이었습니다. 출애굽기 14장 24절에 이스라엘 백성이 홍해를 건너가기 위해 모세가 울부짖던 기도 시간도 새벽이었습니다. 모세가 시내산에서 십계명을 받은 시간도 새벽이었습니다. 광야에서 만나가 내린 시간도 새벽이었으며, 다니엘 6장 19절을 보면 다니엘이 사자굴에서 살아난 시간도 새벽이었습니다. 여호수아 6장에 보면 여리고 성이 무너진 시간도 새벽이었습니다.

새벽은 가족의 구원을 위해 몸부림하는 시간입니다. 내 남편, 내 아내, 내 가족, 내 자식의 문제를 가슴에 부둥켜 안고 하나님과 씨름하는 시간입니다. 새벽에 기도하는 성도가 교회를 지키고 나라를 지키고 하나님의 역사를 일으켰습니다. 군인들은 그들의 수고가 나라를 지킨다고 생각할 것입니다. 정치가들은 그들의 모임과 회의와 연구가 나라를 지킨다고 생각할 것입니다. 기업가들은 그들의 땀과 수고가 나라를 지킨다고 생각할 것입니다.

그러나 성경은 말합니다.

창 18:32 … 거기서 열 명을 찾으시면 어찌 하려 하시나이까 이르시되 내가 열 명으로 말미암아 멸하지 아니하리라

의인 열 명의 간구가 이 나라를 붙들고 있는 것입니다. 내가 새벽에 주 앞에 나왔다면 기도의 사람인 내가 이 나라를 지키는 주인공입니다.

새벽이 잠든 도시는 위험합니다.

새벽이 잠든 교회는 성령이 역사할 수 없습니다.

새벽이 잠든 나라는 이미 영적인 위기가 찾아온 것입니다.

소돔과 고모라는 새벽을 깨우는 사람이 없었습니다. 밤이 맞도록 술을 마시고 춤추었습니다. 새벽이 잠든 도시였습니다. 그래서 멸망했습니다. 그러나 새벽에 주님을 만나는 사람, 새벽 기도로 하루 일과를 시작하는 사람은 삶 전체가 주님과 동행하는 삶을 살게 되는 것입니다.

한국 교회는 기도하는 교회였습니다. 이렇게 기도하는 우리의 조국이 지금 무서운 영적인 위기를 맞이하고 있습니다. 교회들은 저마다 빛을 잃었고 침체의 늪에서 허덕이고 있습니다. 한국 경제가 흔들리고 있습니다. 정치인들은 국민들을 실망시키고 있습니다. 교육이 무너지고 청소년들이 길을 잃었습니다. 학교마다 학원 폭력으로 몸살을 앓고 있습니다. 청년들은 취업전쟁 속에서 시들어 갑니다. 온 국민들의 신음소리가 거리에서 들려옵니다.

이때야말로 온 민족이 기도해야 될 때입니다. 하나님이 의인 열사람의 기도소리를 듣고 싶어 하십니다. 우리가 하나님의 은혜 가운데 지금 다니엘 세이레 기도회를 하고 있습니다. 하지만 우리가 이 기간만 새벽에 기도하는 것이 아니라 이 후에도 계속해서 새벽기도를 이어나간다면 우리는 정녕 축복받은 사람입니다. 그래서 이번 금요철야 예배 때 새벽기도 용사를 모집하려고 합니다. 한 주간 기도하시면서 하나님이 주시는 마음의 부담이 있다면 순종하시길 바랍니다.

일주일에 5일 다 나오시면 좋지만 2, 3, 4일 자기의 건강과 스케줄에 따라 작정하시고 신청하시면 됩니다. 신청 용지를 만들어서 비치해 둘 테니 다니엘 세이레 마지막 시간인 금요철야시간에 신청서를 제출해주시면 좋겠습니다.

새벽에 주 앞에 나와 기도하는 다윗은 그 기도의 내용이 감사였습니다. 다윗의 감사는 하나님을 높이는 감사였습니다.

> 9 주여 내가 만민 중에서 주께 감사하오며 뭇 나라 중에서 주를 찬송하리이다
>
> 10 무릇 주의 인자는 커서 하늘에 미치고 주의 진리는 궁창에 이르나이다
>
> 11 하나님이여 주는 하늘 위에 높이 들리시며 주의 영광이 온 세계 위에 높아지기를 원하나이다

9절에 '…주께 감사하오며…'라고 하면서 감사하는 내용이 10절과 11절에 이어집니다. 10절을 보면 주의 인자, 즉 사랑이 얼마나 큰지 하늘에 미치고 주의 진리가 얼마나 높은지 궁창에 이른다고 감사하며 찬양합니다.

11절에 주의 영광이 온 세계에 높아지기를 원한다고 고백합니다.

한마디로 다윗의 감사는 하나님의 이름을 높이며 영광돌리는 감사입니다.

다윗이 지금 자신의 문제에만 빠져서 간구하는 기도가 아닙니다. 자신의 문제만 해결되어서 드리는 감사가 아닙니다. 본질적으로 하나님의 영광스러움을 깨닫고 하나님을 높이는 감사의 고백입니다.

다윗은 지금 자기 문제가 다 해결된 것이 아닙니다. 여전히 문제는 있습니다. 그러나 눈을 들어 하나님의 크심과 하나님의 영광을 보았습니다. 하나님이 앞으로 나와 우리 나라를 어떻게 이끌어갈 것인지 보았습니다.

그래서 그의 마음 속에 두려움이 사라지고 하나님의 이끄심을 감사하게 되었습니다. 다윗이 처음부터 이것을 알았던 것이 아닙니다. 자기 문제 때문에 새벽에 잠을 깨어 기도하다 보니까 깨달은 것입니다. 그래서 하나님도 이런 다윗을 위로하시고 축복하셔서 다윗의 고난의 시간을 단축시켜 주신 것입니다.

성도 여러분, 다윗처럼 새벽에 하나님을 만나며 하나님을 높이는 감사를 통해 인생을 새롭게 만들어가는 성도 되시길 축원합니다.

| 무소꼬마즉모사 |

1. 무조건 감사: 오늘 하루도 은혜주셔서 무조건 감사합니다.

2. 소리내어 감사: 하나님, 당신의 사랑과 축복에 대해 소리 높여 감사합니다.

3. 꼬집어 감사: 새벽에 일어나는 것이 긴장되고 힘들지만 그래도 새벽마다 은혜 주시니 꼬집어 감사합니다.

4. 마음 가득 감사: 새벽기도 용사를 세워주실 것을 기대하며 마음 가득 감사합니다.

5. 즉시 감사: 감사를 미룰 것이 아무것도 없습니다. 하나님이 주신 모든 은혜에 즉시 감사합니다.

6. 모든 것에 감사: 오늘 하루도 기적, 승리, 만남의 은혜, 관계의 축복을 더하여 주시고 붙들어주실 것을 믿고 모든 것에 감사합니다.

7. 사람은 감감축: 새벽기도를 작정하는 것이 두렵고 떨리는 성도들이 있겠지만 그래도 그들 마음에 거룩한 부담을 주시니 감사하고 감사하고 축복합니다.

| 적용과 연습 |

무소꼬마즉모사를 매일 연습합니다. 위의 예를 가지고 연습해도 좋고 자신의 삶에 적용할 것이 있으면 적어서 연습해도 됩니다.

1. 무조건 감사

2. 소리내어 감사

3. 꼬집어 감사

4. 마음 가득 감사

5. 즉시 감사

6. 모든 것에 감사

7. 사람은 감감축

7

나라를 주셔서 감사합니다

> | 말씀 | 롬 9: 1-5
>
> 1 내가 그리스도 안에서 참말을 하고 거짓말을 아니하노라 나에게 큰 근심이 있는 것과 마음에 그치지 않는 고통이 있는 것을 내 양심이 성령 안에서 나와 더불어 증언하노니
> 2 (1절에 포함)
> 3 나의 형제 곧 골육의 친척을 위하여 내 자신이 저주를 받아 그리스도에게서 끊어질지라도 원하는 바로라
> 4 그들은 이스라엘 사람이라 그들에게는 양자 됨과 영광과 언약들과 율법을 세우신 것과 예배와 약속들이 있고
> 5 조상들도 그들의 것이요 육신으로 하면 그리스도가 그들에게서 나셨으니 그는 만물 위에 계셔서 세세에 찬양을 받으실 하나님이시니라 아멘

유관순 열사를 잘 아시지요? 유관순은 어려서부터 부모를 따라 교회에 다니면서 신앙생활을 잘 했습니다. 그의 아버지는 자신에게 복음을 전해준 사람과 몇몇 성도들과 함께 교회를 세우기도 했습니다.

유관순은 하나님을 믿고 구원받은 자녀는 자신의 조국을 사랑해야 한다는 것을 어려서부터 배웠습니다. 유관순이 이화여고 학생 때 전교생이 소복을 입고 대한문으로 가서 만세운동에 합세하기로 계획을 세웠습니다. 학교 측에서 막았지만 15명의 학생들은 교문을 밀치고 나가 다른 학교 학생들과 합세하여 만세를 불렀습니다. 그 후 유관순은 다른 학우들과 함께 파고다 공원으로 달려가서 '대한독립 만세'를 불렀습니다. 집회는 곧 해산되었지만 유관순은 다시 3일간 하나님께 나라를 위하여 통곡하면서 기도한 후 잃은 나라를 찾는 것이 하나님의 뜻이라고 사람들에게 말하여 만세운동을 일으켰습니다.

그래서 음력 3월 1일 아우네 장터에 모인 농민 3천 여명은 힘을 합하여 태극기를 흔들며 대한독립 만세를 불렀습니다. 그날 19명의 사망자와 30명의 부상자가 발생했습니다. 이것이 그 유명한 아우네 장터의 만세였습니다. 아우네 장터에서 만세를 부르던 유관순은 체포되어 서대문 형무소에서 복역하게 되었습니다. 일본은 만세시위에 가담했던 사람들을 돈으로 매수하거나 회유하여 감형으로 출옥을 시켜 주었습니다. 그러나 유관순은 끝까지 뜻을 굽히지 않고 일본의 갖은 잔악한 술책에 저항하다 마침내 1920년 10월 12일 18살의 꽃다운 생을 마쳤습니다. 그는 신앙을 지키다가 죽은 순교자였고 나라의 독립을 이루려다가 죽은 순국자였습니다.

우리 신앙의 선조들은 자기 자신들보다 하나님을 먼저 사랑했고 나라를 먼저 사랑했습니다. 그래서 많은 영혼들이 자기 자신을 순교와 순국의 제물로 바쳤습니다. 우리는 지금 그분들 때문에 복을 누리며 살고 있습니다. 나라와 민족을 사랑하며 감사하는 것은 신앙인의 당연한 삶입니다.

본문을 보면, 사도바울은 본래 자기 민족이 하나님께 받은 축복을 열거하며 감사합니다. 제일 큰 감사는 이스라엘이 메시야가 태어나도록 돕는 역할을 한 것입니다.

그래서 4, 5절을 보면 이스라엘이 얼마나 많은 복을 받았는가를 알 수 있습니다.

> 4 그들은 이스라엘 사람이라 그들에게는 양자 됨과 영광과 언약들과 율법을 세우신 것과 예배와 약속들이 있고
> 5 조상들도 그들의 것이요 육신으로 하면 그리스도가 그들에게서 나셨으니 그는 만물 위에 계셔서 세세에 찬양을 받으실 하나님이시니라 아멘

첫째, 하나님께서는 이스라엘에게 양자가 되는 복을 주셨습니다. 특별한 백성으로 만드신 것입니다.

둘째, 하나님께서는 이스라엘을 영화롭게 만들어 주셨습니다. 하나님의 소유된 백성으로서 물 붓듯이 복을 쏟아 부어 주셨습니다.

셋째, 하나님께서는 '언약'을 주셨습니다. 하나님께서는 이스라엘 백성과 특별한 계약을 맺었습니다. 그 계약에는 아브라함과의 계약, 모세와의 계약, 다윗과의 계약이 있습니다. 다윗의 자손에서 메시야가 나올 것을 약속해 주셨습니다.

넷째, 율법을 주셨습니다. 어느 나라가 하나님의 말씀을 받았습니까? 이스라엘 백성들은 율법을 받았고, 하나님의 말씀을 받은 백성입니다.

다섯째, 이스라엘은 예배드리는 복을 받은 백성입니다. 예배는 하나님을 언제든지 만날 수 있는 특권입니다.

여섯째, 약속들을 받았습니다. 성경에는 수천 가지의 약속이 있습니다. 이스라엘은 이 약속들을 받았고, 약속의 절정은 메시야가 오신다는 것이었습니다.

일곱째, 조상의 복을 받았습니다. 우리가 매일 설교하고 듣는 것이 이스라엘의 조상이야기입니다. 아브라함, 이삭, 야곱, 모세 등 이런 사람들이 다 그들의 조상입니다.

이런 복 외에 진짜 복이 있습니다. 육신으로 그리스도가 저희에게 나신 것입니다. 우리 가문에서 예수님이 태어나셨다면 얼마나 놀라운 일이겠습니까? 육신으로는 메시야가 이스라엘에서 나왔습니다. 그런데 왜 이스라엘 백성이 메시야를 거부했을까요? 이스라엘이 메시야를 거부한 것은 인류를 구원하기 위한 하나님의 계획이었습니다.

그러나 이스라엘 백성은 이 모든 것에 감사함이 없었습니다. 하나님이 주신 모든 축복을 당연한 것으로 보았습니다. 그리고 이런 복을 받지 못한 사람들을 무시하고 외면하였습니다. 그 결과 그 모든 감사의 내용들이 이방인들에게 옮기워진 것입니다.

여러분, 우리가 감사하지 못할 때 더 이상 축복은 주어지지 않습니다. 그래서 그들이 메시야 예수가 오셔도 믿지 못하는 저주를 받았습니다. 사도바울은 자기 민족을 향한 그치지 않는 고통이 있음을 고백합니다. 그 아픔이 무엇입니까? 그것은 나의 형제, 곧 골육의 친척이 예수를 믿지 않는 것이었습니다. 그에게는 그것이 큰 근심이 되었고, 그 근심이 지나쳐서 마음에 그치지 않는 고통이 되었습니다. 그는 이방인의 사도였습니다. 딴 나라에 가서 열심히 전도하고 다니지만, 자기 민족을 잊을 수가 없었습니다.

그는 이방인의 사도로서 이방 사람들이 그리스도에게 돌아오는 것을 보면서 이방 사람들도 이렇게 그리스도에게 돌아오는데, 어찌하여 유대 사람들은 돌아오지 않는가? 그는 자신이 그리스도에게서 끊어질 지라도, 자신이 그리스도에게서 저주를 받아서 끊어질 지라도 내 골육 친척이 그리스도에게 돌아오는 것을 원하고 원한다고 외칩니다.

본문에서 바울이 말하는 저주는 지옥의 형벌, 심판입니다. 다시 말해서 하나님 앞에 지금 목숨을 걸고 구하는 것입니다.

'하나님 아버지, 내가 저주를 받아 그리스도에게서 끊어질 리 없지만, 끊어진다 할지라도 그 정도의 간절한 마음으로 하나님께 간구하오니 내 형제 골육의 친척을 구원하여 주옵소서.'

이것이 바울의 기도였습니다. 이러한 마음 때문에 그는 어느 마을에 가든지 먼저 유대인의 회당에 들어가서 복음을 전했습니다. 그러나 가는 곳마다 유대인들은 그를 핍박했습니다. 사도행전을 읽어 보면, 그를 핍박한 사람은 전부 유대인입니다. 그래도 그는 먼저 회당을 찾아서 복음을 전했습니다. 그가 세계 모든 민족을 구원하기 위해 기록한 로마서이지만 로마서 9장, 10장, 11장, 이 세 장은 이스라엘에 대한 사랑의 고백입니다. 그 내용은 하나님은 이스라엘을 버리지 않는다는 것입니다. 하나님은 이스라엘을 사랑하신다는 것입니다. 그리고 이스라엘은 반드시 회복될 거라는 것입니다.

본문이 그 시작입니다. 바울이 민족을 향해 왜 이토록 뜨거운 마음을 가지고 있었을까요? 그리스도인은 나라가 있는 백성이기 때문입니다. 우리는 두 영역의 지배를 받고 살아갑니다. 하나는 초월적인 하나님 나라의 백성으로 살아가는 것이며, 동시에 이 땅의 백성으로 살아가는 것입니다. 사도바울은 인류 복음화를 위해 헌신했지만 동시에 그의 마음은 자기 민족 이스라엘의 구원을 바라는 마음을 한 순간도 놓치지 않고 살았습니다.

그래서 그는 로마서 9, 10, 11장에서 이스라엘의 구원에 관하여 이야기합니다. 사도바울은 모든 인류 구원을 위해 부르심을 받은 사도입니다. 그래서 자기 인생을 아끼지 않고 드립니다. 하지만 자기 민족의 구원을 위해서는 자기 목숨까지도 아끼지 않고 주고 싶은 간절한 염원을 가지고 있는 것입니다.

사도바울의 인간애가 여기서 나타납니다. 모든 사람을 생각하면서 동시에 자기 백성을 생각하고 있는 것입니다. 이런 그의 마음을 생각해 보면 이스라엘이 자기 가족이라고 볼 때, 온 인류는 이웃입니다. 이웃 구원을 위해 노력하는 사람이 가족 구원을 생각하지 않을 수 있겠습니까?

또 이웃 구원을 생각함이 없이 가족 구원만 생각할 수 있겠습니까? 이 두 가지가 균형을 이루어야 합니다. 나를 생각하면서 동시에 너를 생각하고, 너를 생각하면서 동시에 나를 생각하는 균형이 있어야 합니다. 나와 가족, 더 나아가 나와 국가, 나와 인류를 다 함께 고려하지 않으면 이기주의에 빠집니다. 가족만 생각하면 가족주의에 빠지게 되고, 자기 나라만 생각하면 국수주의에 빠집니다. 내 교회만 생각하면 개 교회주의에 빠지게 됩니다. 동시에 같이 바라볼 수 있어야 진정한 사랑인 것입니다. 즉 사랑을 생각한다면 자기 사랑과 아울러 이웃 사랑이 고려되어야 진정한 사랑인 것입니다.

사도바울은 이런 사랑의 마음으로 자기 민족을 사랑했습니다. 이런 맥락에서 사도바울은 모든 인류를 향한 구원의 메시지를 담고 민족 구원을 이야기하고 있는 것입니다. 나의 온전한 구원을 위해서 가족의 구원이 있어야 합니다. 가족의 온전한 구원이 있기 위해서는 백성의 구원이 있어야 합니다. 그래서 우리는 조국과 백성의 복음화를 위해 기도합니다. 이런 맥락에서 우리는 북한 백성의 구원까지 기도하는 것입니다. 우리 역시 사도바울의 교훈을 본받아 먼저 한반도의 영혼 구원을 위해 기도하는 것입니다.

이 나라를 향한 우리의 감사가 무엇입니까?

이 나라가 있어 감사합니다.

복음의 자유가 있어 감사합니다.

신앙의 열정이 뜨거우니 감사합니다.

짧은 시간 복음의 물결이 일어나서 감사합니다.

국가적인 통계로 볼 때 세계에서 선교사를 2번째로 많이 파송한 나라 되게 하시고, 인구 수로 볼 때 선교국 세계 1위이니 감사합니다.

절대빈곤의 나라, 상처 입은 나라, 희망 없는 나라를 복음으로 치료하여 희망의 나라 되게 하시고 이제 다른 나라를 돕게 하시니 감사합니다.

더 나아가 우리가 미래를 바라보며 믿음으로 감사할 것이 있습니다. 앞으로 빈부격차를 해소하여 경제적 정의를 실현하고 기독교 문화를 확산하며 세계 복음화에 더 많이 기여하는 나라가 되게 하옵소서. 북한의 핵위협에서 벗어나는 정도가 아니라 북한을 복음화하여 통일조국을 이루게 하실 것을 믿고 감사합니다.

감사함으로 민족 복음화와 세계 선교에 헌신하는 성도 되시길 축원합니다.

| 무소꼬마즉모사 |

1. 무조건 감사: 새해를 다니엘 세이레 기도로 시작하게 하시니 무조건 감사합니다.

2. 소리내어 감사: 새벽마다 목사님을 통해 하나님의 음성을 전해주시니 소리내어 감사드립니다.

3. 꼬집어 감사: 세이레 기도로 졸려서 TV, 컴퓨터를 끊게 하시니 꼬집어서 감사드립니다.

4. 마음 가득 감사: 세이레 기도가 끝나도 새벽 예배에 하루라도 참석했으면 하는 제안에 남편이 "그래야지"라고 결심해주어 마음 가득 감사드립니다.

5. 즉시 감사: 세이레 기도를 통해 어머니의 일거리가 늘어나게 하시니 즉시 감사드립니다.

6. 모든 것에 감사: 세이레 기도를 통해 어린 딸 아이가 손을 들고 기도하시는 목사님의 모습을 따라하고, 기도손도 배우게 하시니 모든 것에 감사드립니다.

7. 사람은 감감축: 다니엘 세이레 기도 기간에 보기 싫은 사람들이 생각났지만 조금이라도 긍정의 마음이 생기게 하시니 감사하고 감사하고 축복합니다.

| 적용과 연습 |

무소꼬마즉모사를 매일 연습합니다. 위의 예를 가지고 연습해도 좋고 자신의 삶에 적용할 것이 있으면 적어서 연습해도 됩니다.

1. 무조건 감사

2. 소리내어 감사

3. 꼬집어 감사

4. 마음 가득 감사

5. 즉시 감사

6. 모든 것에 감사

7. 사람은 감감축

감사의 실천

1. 먼저 감사하겠습니다
2. 감사의 제사를 드리겠습니다
3. 기도함으로 감사의 삶을 살겠습니다
4. 용서함으로 감사의 삶을 살겠습니다
5. 남편에게 감사거리를 만들어주겠습니다
6. 아내에게 감사거리를 만들어주겠습니다
7. 부모에게 감사하겠습니다
8. 자녀에게 감사하겠습니다
9. 영적 스승에게 감사하겠습니다
10. 직장에서 감사의 삶을 살겠습니다
11. 바울의 감사를 본받겠습니다
12. 욥의 감사를 본받겠습니다

1
먼저 감사하겠습니다

> |말씀| **마태복음 7:12**
> 12 그러므로 무엇이든지 남에게 대접을 받고자 하는 대로 너희도 남을 대접하라 이것이 율법이요 선지자니라

어떤 사람이 자신이 먼저 감사를 함으로써 받은 축복을 고백하였습니다. 이 사람은 자신의 룸메이트와 성격이 너무 달랐습니다. 자신은 낙천적인 반면 그녀는 매우 부정적인 성격이었습니다. 그래서 어떤 문제가 생기면 해결하지 않고 늘 미루며 비판적이었습니다. 이 여인은 룸메이트와 부딪히지 않기 위해 점점 직장에서 시간을 때우는 일이 많아졌습니다. 그러다가 너무 힘들어서 룸메이트를 만나 자신의 힘든 마음을 이야기하고 함께 노력하자고 이야기했습니다. 하지만 룸메이트는 그녀를 속물 취급 하면서 이렇게 충고했습니다.

'넌 지나치게 낙천적이야. 좀 더 현실을 봐!'라고 비판했습니다. 너무 속상했습니다. 너무 미웠습니다. 하지만 생각을 바꾸어 룸메이트에게서 감사거리를 찾아보기로 결심했습니다. 쉽지 않지만 온갖 수단과 방법을 동원해서

감사할 점을 찾아내려고 노력했습니다.

룸메이트는 집세를 꼬박꼬박 잘 냈습니다. 얼마나 감사한 일입니까? 감사하다고 이야기했습니다. 또 그녀는 고장 난 것을 잘 고치는 재주가 있었습니다. 물이 새는 수도꼭지나 고장 난 변기 등을 뚝딱 고쳐 놓곤 했습니다. 그 점에도 감사하며 룸메이트에게 감사를 표현했습니다. 또 룸메이트가 하는 말 중에 비록 긍정적인 말투는 아니지만 현실을 냉정하게 보는 면이 있었습니다. 그래서 그것도 감사하게 생각했습니다. 그리고 그 밖의 것들에 대해서는 신경을 끄기로 했습니다. 그냥 무시하고 문제 삼지 않기로 마음먹은 것입니다.

'사람이 어찌 완벽할 수 있나?'

부족한 것은 덮기로 했습니다. 그러던 어느 날, 놀랍게도 룸메이트가 자신에게 다가와 함께 지내게 되어서 기쁘다고 말하는 것이 아닙니까? 게다가 자신을 보고 좋은 사람이라고 칭찬까지 하는 것이었습니다. 이후로 그녀의 말투는 한결 덜 비판적이 되었습니다. 그리고 자신을 위로하기까지 하였습니다.

어느 날 자신도 모르게 룸메이트의 부정적인 면을 지적하면서 불평하게 되었습니다. 그러자 그녀의 말투나 행동이 금세 부정적으로 변하곤 하였습니다. 이분이 정신을 차려 다시 감사의 말을 하기 시작하자, 그녀의 태도가 다시 달라집니다.

감사는 감사를 낳고, 불평은 불평을 낳습니다. 부메랑은 원래 호주의 원주민이 새나 작은 짐승을 사냥할 때 사용하던 도구입니다. 부메랑을 던지면 회전하면서 다시 제자리로 돌아옵니다. 저는 부메랑을 보면서 감사가 '이와 같구나'라는 생각을 하게 됩니다. 감사를 던지면 내게로 감사가 돌아옵니다. 그런데 그냥 돌아오는 것이 아니라 내가 한 감사보다 더 크고 깊게, 다양한 부분으로 확장되어 돌아옵니다.

본문은 산상설교의 핵심입니다. 황금율이라고 하기도 합니다.

> 12 그러므로 무엇이든지 남에게 대접을 받고자 하는 대로 너희도 남을 대접하라 이것이 율법이요 선지자니라

본문에 '그러므로'라는 접속사가 등장합니다. 이 말이 어떤 말씀과 연결되는가 살펴보니 바로 앞의 말씀에 연결 된다기보다는 1-6절의 말씀에 연결되는 것으로 보입니다. 7-11절 말씀은 구하고 찾고 두드리면 하나님께서 좋은 것으로 주신다는 말씀입니다. 1-6절 말씀의 핵심은 형제를 비판하지 말라는 말씀입니다. 그러니까 남에게 대접하라는 말씀은 형제를 비판하지 않는 정도를 뛰어넘어 적극적으로 네 형제를 대접하는 수준까지 대하라고 말씀하는 것입니다. 형제를 비판과 정죄의 대상으로 보지 않고 사랑과 섬김의 대상, 즉 대접하는 대상으로 보라는 것입니다.

창세기 18장에 보면 아브라함이 부지중에 세 천사를 극진히 대접하여 놀라운 축복을 받은 사건이 있었습니다. 아브라함이 정오쯤 졸다가 눈을 떠보니 맞은편에 어떤 세 사람이 서 있었습니다. 그들을 자기 집으로 모셔서 떡, 버터, 우유, 고기 등 자기 집에 있는 것을 총동원하여 극진하게 대접하고 발도 씻어 줍니다. 그런데 알고 보니 그들은 사람이 아니었고 하나님의 사자들이었던 것입니다.

아브라함이 그들을 극진히 대접한 후에 받은 축복이 무엇입니까? 1년 후에 아들이 있을 것이라는 약속을 받습니다. 또한 소돔과 고모라를 심판하러 갈 것이라고 말씀해주심으로 아브라함이 소돔성에 사는 조카 롯을 위해 중보기도 할 기회를 얻습니다. 롯은 아브라함의 기도 덕분에 목숨을 건지게 됩니다.

'남에게 대접을 받고자 하는 대로 너희도 남을 대접하라'는 말씀은 언뜻 생각하면 오해가 생깁니다. 그것은 내가 다른 사람에게 대접받고 사랑받기 위한 이기적인 목적으로 먼저 대접하라는 뜻으로 생각할 수도 있습니다. 그러나 이 말씀은 그런 이기적인 동기에서 비롯된 말씀이 아니라 사랑에서 비롯된 말씀입니다. 단순히 내가 대접받기 위해서가 아닙니다. 하나님이 사랑으로 나를 대접하였습니다. 그래서 나도 하나님의 사랑으로 다른 사람을 대접하라는 원리가 기본적으로 깔려있습니다.

내가 사랑으로 먼저 남을 대접합니다. 이때 다른 사람도 나를 대접하게 되는 결과가 옵니다. 이것은 심은 대로 거두는 영적인 법칙입니다. 그리스도인이 행복하게 사는 법은 대접을 받는 삶이 아니라 대접을 하는 삶입니다. 사람이 정말 기쁠 때는 무엇을 받을 때가 아니라 무엇을 줄 때입니다. 소유는 우리에게 순간적인 기쁨을 가져다 줄 수는 있지만 궁극적으로 행복하게 하지는 않습니다. 자기의 것을 나누어 줄 때만이 천국의 행복을 느끼게 됩니다.

예수님은 우리에게 네가 다른 사람을 대접하면 너도 대접을 받게 될 것이라고 말씀하십니다. 그런데 우리는 자꾸만 이런 마음이 듭니다.

'네가 먼저 나를 사랑하고 대접하면 나도 너를 사랑하고 대접하겠다.' 이런 마음은 이기적인 마음입니다. 이런 마음을 가지고 있으면 상대방이 나를 섬겨주어도 나는 만족함이 없습니다. 왜 그럴까요? 우리가 바라는 마음이나 기대하는 심리를 가지게 되면, 이미 우리의 마음에 구멍이 나기 때문입니다. 요구하는 마음, 바라는 마음을 가지게 되면 점점 그 심리에 구멍이 납니다. 이 심리는 다른 사람이 나를 아무리 채워주어도 만족이 안 되는 것입니다. 그 사람은 죽도록 노력했는데 나는 받은 기억이 없습니다.

하지만 받을 기대를 전혀 하고 있지 않을 때 누가 나를 섬겨주면 너무 고마워서 갚고 싶은 마음이 일어나게 됩니다. 사랑은 언제나 능동적인 행동, 적극적인 행동을 하게 합니다. 다른 사람을 섬기려 하는 마음이 생기는 것은 다른 사람이 나에게 잘해주기 때문에 그런 것이 아니고, 다른 사람의 대접을 받기 위해서 그러는 것도 아닙니다. 오직 하나님이 내게 베푸신 그 많은 사랑에 감동되어서 나도 조건 없이 다른 사람에게 사랑의 행동을 하게 되는 것입니다.

다른 사람에게 사랑을 전하려면 그 사람 입장에 서서 생각해 볼 수 있어야 합니다. 내가 싫고 귀찮아 하는 것은 상대방도 마찬가지입니다. 반대로 내가 좋아 하는 것은 상대방도 좋아할 것입니다. 자기 입장에서 주장하면 모든 것은 풀리지 않습니다. 상대방의 입장으로 가서 생각해야 합니다.

이 점에 있어 최고의 모델이 바로 하나님이십니다. 하나님은 인간의 죄 문제를 다루실 때 하나님 편에서 해결하지 않으시고 인간의 편에서 해결하셨습니다. 하나님은 예수님에게 인간의 편에서 이해할 수 있도록 인간의 몸을 입히셨습니다. 말구유에서 태어나서 인간으로 살게 하셨고, 십자가에서 죽게 하셨습니다.

그러므로 우리가 문제를 해결하는 가장 빠른 방법은 예수님의 마음을 갖는 것입니다. 예수님의 마음을 갖는다는 것은 소망이 없는 죄인된 인간을 위해 죽는 희생의 마음입니다. 이 마음을 나의 것으로 갖는 것을 의미합니다. 이러한 마음을 가질 때 우리는 상대방이 어떠하든 상관하지 않고 남을 먼저 대접하는 능력이 생깁니다.

이 황금율의 원리를 감사에 적용해야 합니다. 우리는 감사하라고 하면 '왜 내가 먼저 감사해야 하는가, 하나님이 나에게 감사할 거리를 많이 만들어 주어야 내가 감사할 것이 아닌가?'라고 생각합니다.

'별로 감사할 것도 없는데 뭘 감사하라는 말인가?' 억울하기도 하고 따지고 싶은 마음이 들기도 합니다.

이런 마음은 하나님이 주신 많은 사랑과 축복들을 헤아려보지 못하는 어린 아이같은 마음입니다. 그래서 또 요구하고 또 요구합니다. 더 많은 것을 달라고 합니다.

하나님은 우리에게 믿음을, 감사를 원하십니다. 그래서 감사거리를 먼저 베풀어 주십니다. 하나님이 우리를 위해 천지를 창조하시고 안식일을 주시며 예배를 원하셨습니다. 이미 받은 것을 헤아려 보며 감사하면서 하나님께 나아갈 때 하나님이 더욱 더 많은 것으로 채워가실 것이기 때문입니다.

우리가 하나님께 감사하려면 믿음이 필요합니다. 이미 주셨지만 또 주실 것을 믿고 감사하는 태도가 필요합니다. 그래서 더 큰 감사, 더 큰 축복을 누리기 위해서는 영적인 투자가 필요한 것입니다.

내가 먼저 감사를 보내면 감사가 돌아옵니다. 그리고 감사하는 순간 내 마음에 벌써 행복이 생깁니다. 감사를 해본 사람은 감사할수록 더욱 감사거리가 생기고, 그래서 또 감사하고 싶은 마음이 생기는 것을 경험하게 됩니다.

인간관계에서 먼저 감사하고 고맙다고 말해야 감사가 되돌아옵니다. 불평을 던지면 불평이 돌아오고, 감사를 던지면 더 큰 감사제목들이 다시 돌아와서 행복해집니다. 그러므로 우리는 이제 선택해야 합니다. 하나님이 허락하신 소중한 삶에서 불평의 부메랑을 던질 것인지, 아니면 감사의 부메랑을 던질 것인지 말입니다. 믿음으로 감사합시다. 하나님께 감사하고 사람들에게 감사합시다. 그래서 더 큰 감사를 창조하는 여러분 되시길 축원합니다.

예배의 자리에 나온 나를 칭찬하고 격려해줍시다. 그리고 받은 은혜를 감사하며 내가 먼저 감사의 마음을 가지고 섬김으로 행복을 누리시기를 축원합니다.

| 무소꼬마 즉모사 |

1. 무조건 감사: 오늘 하루도 무조건 감사하며 살겠습니다.

2. 소리내어 감사: 하나님, 입술로 소리내어 감사를 말합니다.

3. 꼬집어 감사: 새벽기도에 나오느라 피곤하지만 하나님을 만나니 꼬집어 감사합니다.

4. 마음 가득 감사: 감사의 인격으로 바꾸기 위해 수고하는 노력이 힘들지만 나의 삶이 점점 행복해질 것을 생각하니 마음 가득 감사합니다.

5. 즉시 감사: 오늘도 새로운 깨달음 주시니 지금 즉시 감사합니다.

6. 모든 것에 감사: 먼저 사랑하고 싶지 않은 사람이 있지만 그것도 주님께 맡기며 모든 것에 감사합니다.

7. 사람은 감감축: 먼저 섬기고 싶지 않은 사람도 감사하고 감사하고 축복합니다.

| 적용과 연습 |

무소꼬마즉모사를 매일 연습합니다. 위의 예를 가지고 연습해도 좋고 자신의 삶에 적용할 것이 있으면 적어서 연습해도 됩니다.

1. 무조건 감사

2. 소리내어 감사

3. 꼬집어 감사

4. 마음 가득 감사

5. 즉시 감사

6. 모든 것에 감사

7. 사람은 감감축

2

감사의 제사를 드리겠습니다

| 말씀 | **시편 50:22~23**

22 하나님을 잊어버린 너희여 이제 이를 생각하라 그렇지 아니하면 내가 너희를 찢으리니 건질 자 없으리라
23 감사로 제사를 드리는 자가 나를 영화롭게 하나니 그의 행위를 옳게 하는 자에게 내가 하나님의 구원을 보이리라

어떤 집사님 부부의 아들이 베트남 여행 도중 사망했습니다. 아들을 잃은 아픔을 치료하고 기도하던 중 아들의 이름으로 하나님께 무엇인가 하고 싶은 마음이 생겼습니다. 그래서 아들을 추모하는 마음을 가지고 아들 이름으로 교육관 음향 시설 설비자금 천만원을 하나님께 드렸습니다. 교회 뒷자리에 앉아 이 소식을 들은 어느 여집사님이 갑자기 자기 남편의 옆구리를 쿡 찌르며 속삭였습니다.

"우리도 아들 이름으로 하나님께 드립시다."

그러자 그녀의 남편은 눈을 휘둥그레 뜨면서 "우리 아들은 죽지 않았잖아…!"

그러자 아내는 "그러니까 더 바쳐야지요!"

죽은 아들을 위해서 감사하는 것이 얼마나 놀라운 일입니까? 하지만 살아있는 자녀를 위해 감사하는 것은 더 지혜로운 감사입니다.

어떤 신문 논설에 한국인의 '감사 결핍증'에 대한 글이 실린 것을 읽어 보았습니다. 왜 우리가 감사 결핍증에 빠져 있을까요? 상대적 빈곤감 때문입니다. 우리 사회의 문제는 빈부의 격차가 너무 심합니다. 그래서 내가 가진 것에 만족할 수 없습니다. 더 많은 돈, 더 좋은 집, 더 많은 지식, 더 좋은 차, 더 큰 행복을 좇고 있습니다. 현대인들은 '더, 더, 더'를 노래하고 있습니다. 사실, 이 소리는 악의 소리이며 욕망의 소리입니다. 이 욕망의 소리를 내려놓아야 삶이 자유로워집니다.

예수님은 이런 사람의 마음을 아시고 누가복음 12장 15절에서 "삼가 탐심을 물리치라. 사람의 생명이 소유의 넉넉한데 있지 아니하느니라"고 하셨습니다.

예전에 우리는 걷지 않고 버스만 타도 감사했습니다. 그런데 이제는 자가용을 가져도 불만이 가득합니다. 이전에는 쌀밥만 먹을 수 있어도 감사했습니다. 그런데 이제는 근사한 곳에서 맛있는 식사를 해도 불만이 쌓입니다.

현대인은 상대적인 빈곤 때문에 더 괴로워합니다. 나보다 더 가진 자들과 끝없이 비교합니다. 어찌 만족이 있겠습니까? 감사를 모르고, 감사를 표현하지 않는 사람들은 삶에 기쁨이 없습니다. 늘 욕구불만이 가득합니다. 따라서 행복이 없는 것입니다. 이런 모습은 이기적인 삶입니다. 반면에 감사하는 사람은 행복하며 다른 사람에게 감동과 기쁨을 줍니다.

본문에서는 레위지파 음악가인 아삽이 우리들이 드리는 감사의 예배에 대하여 경고하고 있습니다. 그 당시 이스라엘 백성들은 성전에 찾아가서 하나님께 예물을 드리는 자체만으로 자신의 의무를 다했다고 생각했습니다. 그들은 습관적이고 형식적으로 제사를 드렸으나, 간절함과 진실함, 사모하는 심령으로 하나님을 찾지 않았습니다. 그 결과, 이스라엘 백성들은 형식주의에 빠지게 되었고 점점 마음이 굳어져 하나님을 잃어버리는 결과를 초래했습니다.

이러한 상황에서 아삽은 하나님께 어떻게 예배드려야 하는지 강조하여 말하고 있습니다. 본문 23절에 '감사로 제사를 드리는 자가 나를 영화롭게 하나니 그의 행위를 옳게 하는 자에게 내가 하나님의 구원을 보이리라'고 노래합니다.

'감사의 제사'가 무엇일까요? 하나님을 향해 감사와 기쁨, 사모함, 간절함을 가지고 엎드리는 것입니다. 하나님이 나를 위해 하신 모든 것에 마음을 다해 감사하는 것입니다. 이런 '감사의 제사'는 하나님을 영화롭게 한다고 말씀합니다.

'네가 나를 영화롭게 하리로다'라는 말씀이 새번역 성경에는 '네가 나를 높일 것이다'라고 되어 있습니다. 우리가 하나님을 높이는 것, 그것은 하나님을 기쁘시게 하는 것입니다. 하나님이 춤추실 정도로 기쁘시게 만드는 것입니다. 하나님은 이런 자에게 놀라운 축복을 약속하십니다. 그것은 세상의 구원이 아닌 당신의 구원을 보이시겠다고 말씀하고 계십니다. 그 말씀 속에 숨어있는 하나님의 뉘앙스는 내가 한번 구원과 축복이 무엇인지 확실히 보여주겠다는 것입니다.

정말 감사하기 어려운 상황을 우리가 만날 수 있습니다. 그때 하나님께 감사한다는 것은 달갑지 않은 일일 수 있습니다. 그러나 감사야말로 하나님을 즐겁게 하는 제사가 되는 것입니다. 여러분, 여기에 부합되는 말씀이 바로 솔로몬에게 주신 하나님의 축복이었습니다. 솔로몬이 일천번제로 하나님께 감사를 드릴 때 하나님이 감동하셨습니다. 하나님이 너무 기뻐하시고 춤을 추셨습니다. 그래서 하나님이 구원과 축복의 본보기로 솔로몬이 구한 지혜뿐 아니라 부귀영화, 권세, 장수, 모든 능력들을 주셨습니다.

우리 한번, 하나님을 기쁘시게 해봅시다. 하나님이 춤추실 정도로 하나님을 행복하게 만들어 봅시다. 우리 인생의 전무후무한 축복을 누리는 인생이 되어 봅시다. 하나님이 우리에게 베풀어 주신 은혜가 참으로 많은데 우리는 그것을 은혜로 생각하지 못합니다. 그리고 힘들고 어려운 일만을 생각합니다. 생각해 보면 하나님이 우리에게 베풀어 주신 은혜가 참 많은데 우리는 은혜를 자꾸 잊어버립니다. 말씀에 순종함으로 신앙을 인격화해야 합니다. 불신이 아닌 믿음을 내 성격으로 만들어야 합니다.

원수는 돌에 새기고 은혜는 물에 새긴다는 말이 있습니다. 인간의 어리석음을 가장 잘 표현한 말 중에 하나라고 생각합니다. 이 말은 인간이 가지고 있는 본성을 잘 보여주는 말입니다. 불평과 원망은 돌에 새깁니다. 그래서 원한을 오래 가집니다. 축복과 은혜와 감사는 물에 새기며 산다는 것입니다. 그래서 하나님이나 나에게 해주신 좋은 것은 다 잊어버립니다. 우리가 이렇게 살면 예수를 믿어도 구원의 감격은 사라집니다. 매순간 하나님이 주시는 은혜의 삶, 축복의 삶은 기억에 없습니다.

신명기 32장 15절에 보면 이런 말씀이 있습니다.

> 신 32:15 여수룬이 기름지매 발로 찼도다 네가 살찌고 비대하고 윤택하매 자기를 지으신 하나님을 버리고 자기를 구원하신 반석을 업신여겼도다

힘들고 어려워서 감사를 잊은 것도 어리석은 일입니다. 그러나 받은 은혜와 축복이 많음에도 불구하고 그 은혜와 축복을 감사 할 줄 모르고 사는 것도 참으로 악한 일입니다. 그러나 하나님을 기쁘시게 하는 삶은 축복된 삶입니다. 지혜로운 삶입니다.

시편 116편 12절-14절은 말씀합니다.

> 12 내게 주신 모든 은혜를 내가 여호와께 무엇으로 보답할까
> 13 내가 구원의 잔을 들고 여호와의 이름을 부르며
> 14 여호와의 모든 백성 앞에서 나는 나의 서원을 여호와께 갚으리로다

시편기자의 마음이 제 마음입니다.

'여호와께서 내게 주신 은혜를 무엇으로 보답할꼬?'

정말 가슴에 하나님의 은혜가 사무칩니다.

제 개인적인 이야기를 할까 합니다. 올해 제가 벌써 50대 중반입니다. 저는 상처 가운데 태어났습니다. 그리고 힘들고 어렵게 소년시절을 보냈습니다. 정서적인 학대, 경제적인 가난, 자기비하의 낮은 자존감을 가지고 살았습니다. 저는 제가 너무 가치 없어서 견딜 수가 없었습니다. 그래서 죽고 싶었습니다.

저는 목사의 아들이었습니다. 목사인 아버지가 저를 학대하니 저는 하나님을 믿을 수 없었습니다. 그래서 영적으로 깊은 상처와 버림을 받았습니다. 그래서 저는 목사와 교회에서 상처받고 실망하는 그 아픔을 압니다. 저는 부모에게 버림받고 하나님께 버림받았다고 여겼습니다. 세상을 불살라 버리고 싶었습니다.

그런데 어느 날 하나님이 나를 사랑한다고 하십니다. 십자가에 못 박혀 죽으신 예수님의 사건이 믿어지는 기적이 제 마음속에 이루어진 것입니다. 제 마음에 지진이 일어났고, 온 세상이 다르게 보였습니다. 그 이후, 제가 하나님의 뜻에 순종하려고 몸부림치기 시작했습니다. 하나님은 겨자씨보다도 작은 저의 믿음 위에 복을 주셔서, 하나님의 일들을 감당하게 하셨습니다.

시편 23편에서 '나의 잔이 넘치나이다.'라는 다윗의 고백에 저는 동의할 수 있었습니다. 제가 받은 복이 작은 복이 아닌 넘치는 복임을 알았습니다.

남은 평생 하나님께 감사하며 살고 싶습니다. 입으로만 하나님께 감사하는 자가 되지 아니하고, 마음과 뜻과 정성을 다하여 하나님께 감사하는 삶을 살고 싶습니다.

하나님께 감사하는 삶을 구체적으로 실천하기 위하여 저는 저의 건강, 시간과 생명과 재산을 구별하여 더 많이 드리려고 합니다. 하나님께 보답하는 삶을 살려고 합니다. 저의 충성과 헌신이 아무것도 아닐 수 있습니다. 그래도 하나님은 저를 불쌍히 여겨시고 기특하게 여기시며 흐뭇해하시면서 기뻐 받아 주실 것입니다. 저는 제 감사가 너무 부족하다는 것을 압니다. 그래도 하나님은 춤을 추실 것입니다. 그리고 약속하신 구원과 축복의 본때를 더 크게 보여 주실 것입니다.

제가 앞으로 받을 축복이 무엇인지 모르겠습니다. 그러나 하나님은 저의 가슴이 터지도록 제 삶을 인도하실 것입니다. 그 축복이 차고 넘쳐서 제 자손들이 그 복을 이어 받고, 교회와 성도들이 복을 받고 이 백성이 복을 받게 될 것입니다. 믿으시길 축원합니다.

하나님을 기쁘시게 하는 성도 되시길 축복합니다. 그래서 더 놀라운 하나님의 구원과 축복의 증인되시길 축원합니다.

| 무소꼬마즉모사 |

1. 무조건 감사: 오늘 하루도 무조건 감사하며 살겠습니다.

2. 소리내어 감사: 하나님, 감사합니다. 소리질러 내 온몸의 인격이 하나님을 찬양합니다.

3. 꼬집어 감사: 새벽기도 설교를 주일설교처럼 매일 준비하느라 많이 힘들지만 하나님을 더 깊이 만나니 감사합니다.

4. 마음 가득 감사: 나의 연약한 육체를 통해 많은 일들을 감당케 하시고, 늘 저의 약함 때문에 하나님을 바라보게 하시니 마음 가득 감사합니다.

5. 즉시 감사: 지금 내 마음 속에 1%의 불평도 다 버리고 온전히 하나님의 평안을 느낄 수 있게 하시니 즉시 감사합니다.

6. 모든 것에 감사: 너무 피곤해서 때때로 쉬고 싶은 마음도 있지만 저의 섬김으로 성도들이 행복해하고 함께 하나님을 바라볼 수 있으니 모든 것에 감사합니다.

7. 사람은 감감축: 새벽기도 오신 분 중 졸거나 아예 주무시는 분들도 있지만 새벽을 깨워 오신 것이 얼마나 감사한 지, 감사하고 감사하고 축복합니다.

| 적용과 연습 |

무소꼬마즉모사를 매일 연습합니다. 위의 예를 가지고 연습해도 좋고 자신의 삶에 적용할 것이 있으면 적어서 연습해도 됩니다.

1. 무조건 감사

2. 소리내어 감사

3. 꼬집어 감사

4. 마음 가득 감사

5. 즉시 감사

6. 모든 것에 감사

7. 사람은 감감축

3

기도함으로 감사의 삶을 살겠습니다

| 말씀 | **열왕기상 18:41-46**

41 엘리야가 아합에게 이르되 올라가서 먹고 마시소서 큰 비 소리가 있나이다
42 아합이 먹고 마시러 올라가니라 엘리야가 갈멜 산 꼭대기로 올라가서 땅에 꿇어 엎드려 그의 얼굴을 무릎 사이에 넣고
43 그의 사환에게 이르되 올라가 바다쪽을 바라보라 그가 올라가 바라보고 말하되 아무것도 없나이다 이르되 일곱 번까지 다시 가라
44 일곱 번째 이르러서는 그가 말하되 바다에서 사람의 손 만한 작은 구름이 일어나나이다 이르되 올라가 아합에게 말하기를 비에 막히지 아니하도록 마차를 갖추고 내려가소서 하라 하니라
45 조금 후에 구름과 바람이 일어나서 하늘이 캄캄해지며 큰 비가 내리는지라 아합이 마차를 타고 이스르엘로 가니
46 여호와의 능력이 엘리야에게 임하매 그가 허리를 동이고 이스르엘로 들어가는 곳까지 아합 앞에서 달려갔더라

TV 프로그램 중에 생활의 달인이라는 프로가 있습니다. 우리 생활 곳곳에 숨어 있는 재주꾼을 찾아내어 그들의 생활과 기술을 소개하는 프로그램입니다. 생활의 달인은 성실한 이웃 달인들을 통해 노동의 소중함과 평범한 것의 가치를 전하고 있습니다. 등장하시는 분들이 주로 단순직에 종사하는 분들이 많이 소개됩니다. 몸을 움직여서 기계가 할 수 없는 일들을 합니다. 설혹 기계가 할 수도 있는 일이라도, 기계보다 더 정확하고 더 신속하게 해내는 사람들입니다.

졸면서도 감각적으로 도라지를 까는 '도라지 다듬기의 달인'은 31년 동안 하루 2시간 쪽잠 자며 일한 덕에 놀라운 손놀림을 자랑하게 되었다고 합니다. 설악산 지게꾼 '임기종 달인'은 왜소한 체구에 90kg 이상의 짐을 지고 38년 동안 설악산을 오르내렸습니다.

프로그램에 출연하는 분들은 대부분 어려운 사람들이고 평범한 이웃들입니다. 생활의 달인들이 가지고 있는 공통점 3가지가 있다고 합니다.

첫째, 항상 밝은 얼굴입니다.

사실 하루 종일 일하면 힘들고 지칩니다. 게다가 이 분들의 일은 대개 단순 반복 작업일 때가 많습니다. 그런데도 이들은 몸에 밴 듯한 밝은 미소와 밝은 얼굴로 일합니다.

둘째, 긍정적인 사고입니다.

자신이 하고 있는 일에 대해서 좋은 측면을 보고 있습니다. 힘들고 지치는 반복적인 일임에도 불구하고 이 일을 통해서 자녀들을 양육하고 공부를 시켰다는 자부심을 가지고 있습니다. 이런 긍정적인 사고가 있어서 계속 잘 하고 있습니다.

셋째, 꿈과 희망을 가지고 있습니다.

이분들은 인터뷰 마지막에 대개 자신의 꿈과 희망을 이야기합니다. 꿈과 희망의 내용이 어떻게 보면 소박합니다. 하지만 그 꿈과 희망이 있었기 때문에 그 힘든 일을 '달인'의 수준이 되도록 계속할 수 있었습니다.

본문에 등장하는 엘리야 역시 이런 모습을 가지고 있었습니다. 항상 자신감 때문에 밝은 얼굴, 긍정적인 사고, 꿈과 희망이 있었습니다. 이스라엘 땅에 3년 반 동안 비가 오지 않을 때 엘리야가 사렙다과부를 만나 먹을 것을 얻게 됩니다. 이때 사렙다과부는 마지막 남은 밀가루와 기름을 가지고 음식을 만들어서 아들과 함께 먹고 죽으려 합니다. 이 과부에게 엘리야가 확신을 가지고 요구합니다. 나에게 먼저 음식을 가져오라고 말입니다. 하나님께서 채우실 것이니 염려하지 말라고 합니다. 어디서 이런 당당함과 자신감이 나왔을까요? 하나님을 믿는 믿음 때문이었습니다. 그 믿음이 엘리야를 당당하고 밝고 긍정적으로 만들었습니다.

또 엘리야는 꿈이 있었습니다. 무슨 꿈입니까? 이스라엘 백성들을 하나님께로 돌아오게 하려는 꿈이 있었습니다. 엘리야는 밝고 긍정적이며 꿈이 있는 사람이었습니다.

우리는 지금 하나님께 축복받고 우리의 성품과 인격을 바꾸기 위한 감사 습관을 만들기 위해 노력하고 있습니다.

엘리야는 신·구약 성경에서 기도를 많이 한 사람 가운데 한 사람입니다. 그가 활동했던 시기는 북왕국 이스라엘의 7대 왕인 아합 왕 때였습니다. 아합 왕은 온 이스라엘이 바알을 숭배하게 하여 우상숭배의 죄를 범하게 만들었습니다(왕상 16:32). 이스라엘 백성은 가나안의 문화에 영향을 받아 바알이 하늘에서 비를 내리고 땅을 풍요롭게 한다고 믿었습니다. 열왕기상 17장 1절에 보면 엘리야는 그들의 생각이 어리석었음을 깨닫게 하려고, 하나님께 비가 오지 않게 해 주시기를 기도했습니다. 그리고 아합 왕에게 말합니다.

"내가 섬기는 이스라엘의 하나님 여호와께서 살아 계심을 두고 맹세하노니 내 말이 없으면 수 년 동안 비도 이슬도 있지 아니하리라 하니라"고 경고하였습니다.

그 후 열왕기상 17장 7절에 보면 그 땅에 3년 반 동안 비가 오지 않아서 모든 시내가 마르고 기근이 아주 심하였습니다.

아합 왕의 입장에서는 엘리야가 얼마나 미운 인간입니까? 아합은 엘리야를 추격하기 위해 군대를 조직하였습니다. 하지만 하나님이 엘리야를 숨기시니 찾을 수가 없었습니다. 엘리야는 생명의 위기를 늘 느꼈지만 감사했습니다.

3년 후, 엘리야는 다시 아합 왕에게 가서 바알이 참 신인지 여호와 하나님이 참 신인지 대결을 하자고 했습니다.

그래서 엘리야와 450명의 바알 선지자는 갈멜산에 모였습니다. 그리고 송아지를 잡아 단에 놓고 각자 자기의 신에게 하늘에서 불을 내려 제단을 불살라 달라는 기도를 하였습니다.

바알 선지자들은 아침부터 저녁까지 칼과 창으로 몸을 상하게 하며 기도를 해도 응답을 받지 못했습니다. 존재하지도 않는 바알신이 어떻게 응답하겠습니까?

그러나 엘리야는 송아지 번제물 위에 물을 4통이나 붓고 기도했습니다. 엘리야의 기도가 채 끝나기도 전에 하늘에서 여호와의 불이 내려와 번제물과 나무와 돌과 흙과 도랑의 물까지 태웠습니다.

그제서야 이스라엘 백성은 "여호와 그는 하나님이시로다. 여호와 그는 하나님이시로다." 하며 여호와 하나님이 참 신임을 인정했습니다. 그리고 엘리야를 따라, 450명의 바알 선지자들을 기손 시내에 데리고 가서 죽였습니다(왕상 18:20-40).

그 후 열왕기상 18장에 보면 기도에 대한 엘리야의 또 다른 이야기가 기록되어 있습니다. 엘리야는 이제 비가 오기를 기도합니다. 조금 전 하나님께서 불을 내려 번제물을 태울 때에는 엘리야의 기도에 즉각 응답하셨는데 이번에는 그렇지 않았습니다.

엘리야의 머리가 무릎사이로 들어갈 만큼 간절하게 기도하고 또 기도하고 일곱 번째 기도하고 나서야 겨우 손바닥 만한 구름이 보이기 시작했습니다. 그리고 난 뒤 엄청난 비가 오기 시작했습니다.

우리는 엘리야를 통해 올바른 기도의 태도를 배울 수 있습니다.

첫째, 간절히 기도하였습니다.
'땅에 꿇어 엎드려 그 얼굴을 무릎 사이에 넣고'
 엘리야의 기도하는 자세를 보니 지금 얼마나 간절함을 가지고 기도하는지 알 수 있습니다. 엘리야의 기도는 하나님의 주권에 철저히 복종하겠다는 마음을 보여줍니다. 더 나아가서 하나님만 의지하겠다는 겸손의 모습입니다. 열왕기상 18장 41절을 보면 엘리야는 비가 내리기도 전에, 믿음으로 아합 왕에게 "올라가서 먹고 마시소서. 큰비의 소리가 있나이다."고 말했습니다.

 엘리야가 왜 이렇게 큰 소리를 칠까요? 열왕기상 18장 1절의 말씀이 있었기 때문입니다.

'많은 날이 지나고 제 삼년에 여호와의 말씀이 엘리야에게 임하여 이르시되 너는 가서 아합에게 보이라 내가 비를 지면에 내리리라'
 하지만 엘리야는 하나님의 약속의 말씀을 믿는 데 그친 것이 아니라, 그것이 이루어지기를 간절히 기도했습니다. 왜 그랬을까요? 엘리야는 하나님께서 어떻게 일하시는지 알았기 때문입니다. 하나님은 아무리 약속의 말씀이 있다 할지라도 우리가 기도하지 않으면 응답하시지 않는 것을 엘리야는 알고 있었습니다.

하나님은 우리가 간절히 기도할 때까지 기다리십니다.

에스겔 36장 37절의 '그래도'를 꼭 기억해야 합니다. 37절 앞의 내용은 이런 것입니다. 하나님께서 바벨론에 포로로 잡혀갔던 이스라엘 백성들을 다시 이스라엘 땅으로 돌아오게 하겠다고 약속하십니다. 그래서 다시 이스라엘 땅에 강이 흐를 것이고, 백합화가 피어날 것이고, 사막이 새로운 땅이 될 것이라고 말씀하십니다. 그러면서 하나님은 이렇게 말씀하십니다.

'나 여호와가 말하였으니 이루리라.'

그런데 거기서 끝나지 않고 37절에 이렇게 말씀하십니다.

'그래도 이스라엘 족속이 이와 같이 자기들에게 이루어 주기를 내게 구하여야 할찌라'

하나님이 이미 약속하셨습니다. 그러나 하나님은 기다리십니다. 우리가 기도하는 것을 기다리십니다. 우리의 기도가 차야 하나님이 일하십니다.

'하나님이 이스라엘의 회복을 약속하시면 그냥 이루시면 되지, 하나님 혼자서 하실 수 있는 일인데 왜 우리보고 기도하라고 하실까? 하나님 왜 이렇게 우리를 귀찮게 하십니까?'

이런 마음가짐을 가지고 있으면 기도할 수가 없습니다. 하나님은 기도를 통해 우리가 하나님의 사역에 동참하게 하십니다. 내가 기도할 때 나는 하나님의 동역자가 되는 것입니다. 하나님의 동역자가 되려면 우리가 하나님을 알아야 합니다. 기도를 하게 되면 하나님의 능력과 은혜를 체험하게 됩니다. 기도를 하다보면 하나님과 교통하게 됩니다. 기도를 하게 되면 우리가 성장하게 됩니다. 그때 하나님의 동역자가 됩니다.

멋지지 않습니까? 하나님 혼자서 해도 될 일을 우리와 함께 하시기 원하신다는 사실 말입니다. 우리로 그 영광에 참여하게 하시려고, 우리로 역사의 진행에 동참케 하시려고, 우리의 기도를 기다리시는 하나님! 너무 황홀한 일입니다.

엘리야는 하나님이 큰 비를 주실 것이라는 확실한 믿음을 가지고 간절히 기도했습니다. 엘리야는 큰 비에 대한 강한 확신과 믿음이 있었습니다. 그러면 그럴수록 더욱 기도해야 함을 알았습니다. 그래서 그는 무릎을 꿇고 더욱 간절히 기도했습니다.

하나님 앞에 무릎 꿇고 기도하느냐, 하지 않느냐에 따라서 우리의 운명이 달라집니다. 하나님이 우리를 축복하신다고 약속하신 것도 우리가 기도해야 받을 수 있습니다. 기도는 우리 인생의 전환점이 됩니다.

둘째, 인내하며 기도를 하였습니다.

무릎 사이에 얼굴을 넣고 간절히 7번 기도하였습니다. 그의 기도는 '인내의 기도'였습니다. 열왕기상 18장 43절에 말씀합니다.

"그 사환에게 이르되 올라가 바다 편을 바라보라 저가 올라가 바라보고 고하되 아무 것도 없나이다 가로되 일곱 번까지 다시 가라"

엘리야는 기도하면서 사환에게 비가 올 징조를 확인하게 합니다. 그러나 아무런 조짐도 보이지 않습니다. 엘리야는 한두 번 해 보고 포기한 것이 아닙니다. 서너 번 해 보고 주저앉은 것이 아닙니다. 일곱 번까지 다시 가라고 했습니다.

일곱 번이라는 것은 완전 수를 가리킵니다. 이 말은 응답받을 때까지 기도할 결심을 하였다는 말입니다. 엘리야는 비의 징조가 나타날 때까지 끝까지 구하고 찾고 두드렸습니다.

조금 전에 바알과 아세라 제사장들과 대결할 때는 기도하자마자 하늘에서 불이 내려왔습니다. 그런데 왜 지금은 하나님께서 즉각 응답하지 않으실까요? 1절에서 비를 내려주시겠다고 분명히 약속까지 하셨는데 말입니다.

기도응답은 하나님의 주권입니다. 하나님의 뜻과 계획대로 응답하시는 것입니다. 어떤 기도는 즉각 응답하시고, 어떤 기도는 간절히 기도할 때 응답하시기도 하십니다. 그러므로 우리가 해야 할 일은 포기하지 않고 믿음으로 계속 주께 나아가는 것입니다.

간혹, "기도 했는데 왜 응답받지 못합니까?" 하고 묻는 사람이 있습니다. 이 사람의 문제는 무엇입니까? 믿음으로 끝까지 기도하지 않은 것입니다. 기도하다가 도중에 포기하고, 중도하차하기 때문에 응답받지 못하는 것입니다. 우리는 기도를 시작했으면 응답받을 때까지 끝까지 기도해야 합니다. 그럴 때 승리합니다.

끝까지 기도할 때 기적을 체험합니다.
끝까지 기도할 때 형통하게 됩니다.
끝까지 기도할 때 응답을 받습니다.
끝까지 기도할 때 병이 낫게 됩니다.
끝까지 기도할 때 소원이 이루어집니다.
끝까지 기도할 때 하나님께서 원수를 갚아 주십니다.

그러므로 끝까지 하나님 앞에 부르짖고 기도하시길 축원합니다.
하나님께서는 왜 빨리 응답을 주시지 않습니까? 더 좋은 것, 가장 좋은 것을 주시기 위해서 때를 기다리고 계시기 때문입니다.

조지 뮐러목사는 "가장 명심할 것은 응답이 올 때까지 결코 물러나지 않는 것이다."라고 말하였습니다.
또한 영국 옥스퍼드대학의 교수이며, 역사학자인 윌리엄 쿨리지는 "이 세상에서는 재능이 있으면서도 성공하지 못하는 사람이 많다. 다른 사람보다 훌륭한 교육을 많이 받았으면서도 성공하지 못하는 사람도 많다. 특별한 용기를 가지고 인생을 사는 사람도 있지만, 성공하지 못하는 사람도 많다. 그 이유는 단 하나, 인내하지 못하기 때문이다."라고 하였습니다.
목적을 달성하지 못한 사람의 95%는 진짜 실패한 것이 아니라, 도중에 포기한 것입니다. 포기하지 않은 사람만이 성공하고 행복하고 승리하게 되는 것입니다.

기도하다가 도중에 포기하지 마시고 끝까지, 응답받을 때까지 인내하며 기도하시기를 주의 이름으로 축원합니다.

엘리야는 어떻게 기도했을까요?
셋째, 믿음의 기도를 하였습니다.

엘리야는 열왕기상 18장 44절에서 일곱 번 기도를 마치고도 사환으로부터 '손만한 작은 구름'이 일어나고 있다는 이야기만을 들었습니다. 그때 엘리야가 절망하거나 낙심한 것이 아니라 오히려 그는 작은 징조를 보고도 큰 비가 올 것을 확신하고 담대하게 아합 왕에 말했습니다.

"비에 막히지 아니하도록 마차를 갖추고 내려가소서."

그러자 작은 구름이 점점 커지더니 하늘을 시커멓게 뒤덮었습니다. 그리고 곧 큰 소나기가 쏟아졌습니다. 3년 6개월 동안 비가 내리지 않던 땅에 단비가 내리기 시작한 것입니다.

무릎 꿇고 간구하는 기도, 포기하지 않는 기도는 하나님께서 반드시 역사하십니다. 우리는 비록 작은 것을 보았어도 큰 것을 주시는 하나님을 감사함으로 믿어야 합니다. 그렇게 적극적인 믿음의 자세를 가질 때 하나님께서 큰 역사를 베풀어 주시는 것입니다.

4절을 보면 큰 비가 올 때 여호와의 능력이 엘리야에게 임하여 마차를 타고 먼저 달려가는 아합 왕보다 엘리야가 더 빨리 갔습니다. 마치

중국의 무협영화를 보는 것처럼 엘리야가 달려가는 것입니다. 하나님은 하나님의 종 엘리야가 큰 비로 인해 고통당하지 않도록 그를 큰 권능으로 인도하십니다.

어려운 문제가 있어서 감사하며 기도하는 데도 오히려 문제가 커져 더 충격적이고 고통스러운 경험을 하게 될 수 있습니다. 이럴 때 절망하게 됩니다. 어찌 절망이 안되겠습니까? 하지만 바로 그때 믿음이 필요합니다. 삶이 너무 힘들 때 믿음으로 감사를 선택하며 하나님께 한 걸음 더 가까이 나아가야 합니다. 더 뜨겁게 간절히 기도해야 합니다. 기도가 응답되기를 기다리는 동안, 비록 손바닥만한 구름처럼 작은 징조밖에 보이지 않아도 지속적으로 감사하며 더 기도하십시오.

작은 징조와 싸인에 실망하는 것이 아니라 확신과 감사로 하나님께 나아가십시오. 현재 주어진 작은 것에 감사하는 마음은 이제 큰 축복을 유발하는 효과가 있습니다. 하나님은 내 기도에 응답하십니다. 감사로 기도할 때 응답의 은혜가 더 빨라지는 것입니다.

세계적인 잡지 〈뉴욕타임스〉는 지난 1천 년 동안 동서고금을 막론하고 가장 뛰어났던 지도자를 선정해서 발표했습니다. 그런데 천년 동안 가장 탁월했던 지도자는 남자가 아닌 여자, 영국의 여왕 엘리자베스 1세였습니다. 엘리자베스 1세는 왕으로 뽑혔을 당시 25세의 처녀에 불과했습니다. 자신의 생모가 단두대에서 처형되는 살벌한 분위기 가운데, 대신들이 가장 무력한 왕을 뽑고자 하는 간계에 의해 왕이 된 것이었습니다. 그러나 그녀는 자신이 왕으로 선정되었다는 소식을 듣자마자 마룻바닥에 엎드려 기도했습니다.

'하나님, 역사에 길이 남는 가장 훌륭한 왕이 되게 하옵소서.'

그리고 하나님을 의지하면서 하나님이 주시는 지혜로 탁월한 지도력을 잘 발휘하였습니다. 그래서 엘리자베스 1세가 통치했던 45년 동안, 야만국 같던 섬나라 영국은 대해상국으로 바뀌었습니다. 그리고 세계 제일의 신사국이 되는 초석을 다지게 되었습니다. 또한 문화적으로도 영국의 르네상스라고 불리는 문학의 황금시대를 열었습니다.

지난 1천 년 동안 많은 뛰어난 인물들이 있었습니다. 그러나 무릎 꿇고 기도했던 엘리자베스 1세가 가장 뛰어난 지도자로 인정을 받았습니다. 무릎 꿇고 기도하면 위대한 삶을 살고 뛰어난 지도자가 될 수 있습니다.

> **야고보서 1:5** 너희 중에 누구든지 지혜가 부족하거든 모든 사람에게 후히 주시고 꾸짖지 아니하시는 하나님께 구하라 그리하면 주시리라

그가 누구이든, 어떤 분야에서 어떤 일을 하고 있는 사람이든 간에, 하나님 앞에 무릎 꿇고 기도하는 사람은 가장 위대하며 행복한 사람이 됩니다.

기도는 나약하고 보잘것없는 사람을 강하고 영리하고 지혜롭고 위대한 사람으로 만들어 주고, 천한 사람을 아름다운 사람으로 만들어

줍니다. 이것이 기도의 능력입니다. 그런데 오늘날 많은 사람들은 기도의 능력을 모릅니다. 그래서 기도하지 않습니다. 결국 기도하지 않아서 하나님의 축복을 받지 못하는 것입니다. 기도하면 지혜와 총명을 얻을 수 있는데, 교만과 불신앙으로 기도하지 않으니까 얻지 못하는 것입니다.

영국의 시인 윌리엄 쿠퍼는 "기도를 포기하는 자는 전쟁에서 승리를 포기하는 군인과 같다"고 하였습니다.

기도를 포기하는 사람은 사업장에서 성공을 포기하는 사업가와 같습니다. 기도는 감사를 만듭니다. 하나님께 감사하는 자는 기도하며 하나님만 의지합니다. 그래서 항상 기뻐하며 쉬지 않고 기도할 때 범사에 감사하게 되는 것입니다.

기도함으로 날마다 감사생활하는 성도되시길 축원합니다.

| 무소꼬마즉모사 |

1. 무조건 감사: 목사님, 매번 답장 보낸다는 게 게을러서 못했어요. 그래도 변함없이 문자주시니 무조건 감사해요.
2. 소리내어 감사: 화내지 않고 제 상황을 이해해 주심에 소리내어 감사해요.
3. 꼬집어 감사: 이렇게 훌륭한 인격적인 목사님과 긴 시간 함께하게 해주신 것 꼬집어 감사해요.
4. 마음 가득 감사: 그동안 목사님께 사랑하고 존경한다 말씀드리지 못했지만 제 진심을 알아주실 것이라 믿으며, 마음 가득 감사해요.
5. 즉시 감사: 앞으로는 즉시 감사를 표현할게요.
6. 모든 것에 감사: 문자주셔서 힘이 나요. 힘이 나니 모든 것에 감사해요.
7. 사람은 감감축: 목사님과 여러 사역자님, 또 안보이는 곳에서 섬기시는 아름다운 공동체가 있어 모두 감사해요. 목사님과 성도님 모두 모두 사랑하고 축복합니다.

| 적용과 연습 |

무소꼬마즉모사를 매일 연습합니다. 위의 예를 가지고 연습해도 좋고 자신의 삶에 적용할 것이 있으면 적어서 연습해도 됩니다.

1. 무조건 감사

2. 소리내어 감사

3. 꼬집어 감사

4. 마음 가득 감사

5. 즉시 감사

6. 모든 것에 감사

7. 사람은 감감축

4

용서함으로 감사의 삶을 살겠습니다

| 말씀 | 에베소서 4:31-32

31 너희는 모든 악독과 노함과 분냄과 떠드는 것과 비방하는 것을 모든 악의와 함께 버리고
32 서로 친절하게 하며 불쌍히 여기며 서로 용서하기를 하나님이 그리스도 안에서 너희를 용서하심과 같이 하라

우리가 감사의 삶을 살려면 '무소꼬마즉모사'로 계속 감사를 연습해야 합니다. 그러나 마음 깊은 곳에서 감사가 일어나도록 마음의 회복이 따라와야 합니다. 마음에서 감사가 일어나도록 돕는 것이 용서입니다. 살다 보면 일보다는 사람 때문에 마음이 힘들 때가 많습니다. 특히 의외의 사람에게 뒤통수를 맞으면 분노가 치밀어 오르기 마련입니다. 이때에도 용서함으로 감정을 다스려야 감사를 회복할 수 있습니다.

감사하기 어려운 사람을 향해 감사할 수 있는 비결은 무엇일까요? 그것은 용서입니다. 그래서 용서는 감사를 만드는 관계의 기초입니다. 용서는 모든 것을 푸는 열쇠와 같습니다. 용서에는 네 가지가 있습니다.

첫째, 하나님의 용서입니다.

성도 여러분, 하나님은 용서의 하나님이십니다. 하나님이 죄인인 우리를 용서하셨습니다. 나를 불쌍히 여기셨습니다. 나는 버려져 마땅한 죄인임에도 불구하고 하나님은 우리를 긍휼히 여기셔서 용서하셨습니다. 하나님은 용서하시는 하나님입니다. 그 분 안에 있는 무한한 사랑, 한없는 긍휼로 끝없는 용서를 우리에게 베푸십니다. 일곱 번씩 일흔 번이라도 용서하라고 하신 말씀에서 용서에 대한 하나님의 끝없는 사랑의 마음을 보게 됩니다. 인생이 영원한 죄인이기에 하나님의 무한한 은혜없이는 구원받지 못하기 때문입니다. 사람은 자신에 대해 실망, 낙심, 회의를 가지지만 하나님은 영원한 사랑으로 용서하십니다.

우리는 얼마나 큰 용서를 받은 사람들입니까? 나 같은 죄인을 살리기 위해 죄 없으신 하나님의 아들 예수님께서 십자가에 못 박혀 죽으셨습니다. 우리는 하늘과 땅보다 더 크고 높고 깊은 사랑을 받은 자들입니다. 사람은 자신이 용서받은 만큼만 용서할 수 있습니다. 그런데 우리는 예수 그리스도의 십자가의 사랑으로 영원한 용서를 받았습니다. 이제 우리는 그 십자가의 능력으로 용서할 수 있는 것입니다. 하나님이 그렇게 하신 것처럼, 이제 우리가 그렇게 할 차례입니다.

둘째, 자기 자신에 대한 용서입니다.

하나님의 용서하심을 입은 우리는 하나님의 용서로 먼저 자기 자신을 용서해야 합니다. 나를 용서해야 남도 용서할 수 있습니다. 나에 대한 용서와 타인에 대한 용서는 손등과 손바닥처럼 하나입니다. 자기 속에 떠나지 않는 괴로움과, 죄책감, 양심의 가책에서 자기를 용서해야 됩니다. 자기를 용서하는 것은 하나님의 용서를 가지고 자신을 용서하는 것입니다.

자기 용서를 어떻게 해야 합니까? 먼저 정직하게 자신의 죄를 인정해야 합니다. 자기 문제와 아픔, 양심의 가책을 인정해야 합니다. 정직하지 않으면 자기 위선과 자기 합리화에 빠지게 됩니다.

본문 31절은 '너희는 모든 악독과 노함과 분냄과 떠드는 것과 비방하는 것을 모든 악의와 함께 버리라'고 했습니다. 이것은 우리가 관계 속에서 짓는 죄를 말씀하고 있는 것입니다. 악독은 '악의'로부터 나옵니다. 악독과 악의는 성미가 까다로운 것, 쉽게 화를 내는 것, 교만한 마음, 다른 사람들을 무시하는 행동입니다.

또한 나의 뜻에 반하는 것은 어떤 것도 참을 수 없는 것입니다. 그때 모든 것을 나쁜 쪽으로만 생각하고, 화낼 이유만 찾으려 합니다. 조금이라도 상처받으면 참지 못하고, 용서할 줄은 모릅니다. 악독은 우리의 마음을 교만으로 가득차게 하며 다른 사람을 희생시켜서라도 자기를 높이려고 합니다.

그리고 노함과 분노는 스스로 자제하지 못하면서 화를 터뜨리는 것을 말합니다. 노함과 분노는 싸움과 분쟁을 만들어냅니다. 그래서 온갖 부정적인 말로 남을 깎아내리고 험담합니다. 내 삶 속에서 이런 악을 버리고 회개해야 합니다.

이런 나의 죄와 악을 하나님은 영원히 용서하십니다. 그러므로 하나님의 용서하심을 입고 하나님께 감사합니다. 그리고 그 힘으로 자기 자신을 용서합니다. 자기 용서는 하나님의 은혜가 충만해야 가능합니다. 사탄은 우리가 자신을 용서하고 자유롭게 사는 것을 매우 못마땅하게 여깁니다. 그들은 우리가 자기 용서를 하지 못하도록 죄로 유혹하며 죄책감과 정죄로 자기학대를 하게 합니다.

하나님의 용서로 자기를 용서하려면, 구체적으로 용서해야 합니다. 아주 작고 사소한 것이라도 나의 양심과 영혼을 괴롭게 하는 부분이 있다면 그 사실과 직면해야 합니다. 힘들고 부끄럽고 수치스러우며 고통스럽다 할지라도 맞서서 하나님의 용서의 은혜로 자기를 용서해야 합니다.

셋째, 타인에 대한 용서입니다.

우리가 용서받음에서 끝나는 것이 아니라 타인을 용서하는 사랑의 삶을 시작해야 용서가 완성됩니다. 타인을 용서하는 사랑은 우리가 자기를 용서했다는 신호이며 우리를 그토록 괴롭히던 죄책감으로부터 풀려났다는 신호입니다. 사랑은 우리 자신이 받은 은혜가 무엇인지 분명히 드러내줍니다.

에베소서 4장 32절은 말씀합니다.

> 엡 4:32 서로 인자하게 하며 불쌍히 여기며 서로 용서하기를 하나님이 그리스도 안에서 너희를 용서하심과 같이 하라

인자함이란 하나님의 속성입니다. 상대방의 필요를 생각하는 것입니다. 불쌍히 여기는 것은 상대방의 필요에 공감하는 것입니다. 상대방의 필요를 생각하고 공감한다는 것은 그가 연약한 죄인이기에 어쩔 수 없는 존재임을 기억하는 것입니다. 그래서 하나님의 용서하심을 타인에게 적용합니다.

우리는 어떤 사람을 용서해야 할까요?

1) 먼저 상처를 준 사람을 용서해야 합니다.

우리가 살다보면 상처를 받을 때도 있고 상처를 줄 때도 있습니다. 이런 상처를 잘 다루면 오히려 인생에 향기가 될 수 있습니다. 그러면 상처를 다루는 방법은 무엇입니까?

① 상처를 풀기로 결심해야 합니다. 응어리진 것을 풀지 않고 계속 끌어안고 살기로 결심하면 상처를 더 키워가는 것입니다.

② 아직은 상대방을 완전히 용서할 수 없더라도 지금 용서하겠다고 마음먹어야 합니다.

③ 말씀과 기도, 상담을 통해 자신의 상처를 치료하고 놓아가며 버려가야 합니다.

2) 손해를 끼친 사람을 용서해야 합니다.

현대인은 불의는 참을 수 있어도, 자신이 물질적인 손해를 입으면 참지 못합니다. 우리의 삶에서 내게 손해를 끼친 사람이 있다면 억울한 것이 당연합니다. 하지만 하나님은 우리 때문에 얼마나 많은 손해를 보십니까? 그래도 늘 용서하셨습니다. 우리가 입은 불이익도 하나님께서 채우시기로 작정하시면 순식간에 채워질 수 있습니다. 그래서 하나님의 은혜를 바라보며 내게 손해를 끼친 사람을 용서하며 놓아줍니다.

3) 다툰 사람을 용서해야 합니다.

우리는 누군가와 다투면 다시는 안 볼 것처럼 행동합니다. 사람이 다툴 수 있습니다. 그러나 그 다툰 사람도 분명히 이유가 있을 거라고 이해해줍니다. 사실 다툰 일은 지나고 보면 별거 아닌 경우가 너무 많습니다. 서로 용서하는 것이 결과적으로 나에게 유익합니다.

4) 미운 사람을 용서해야 합니다.

사람을 미워하는 것은 치명적인 죄입니다. 사람을 미워하면 그 미움과 분노가 우리 마음의 주인이 되어 있습니다. 우리의 생각이 그 미움의 감정으로 꽉 차있는 것입니다. 우리의 입술이 그 사람에 대한 미움의 감정을 쏟아내기에 바쁩니다. 더구나 미움은 전염성이 있습니다. 내가 미워하는 사람을 다른 사람들도 미워하게 만들어 미움은 나뿐 아니라 다른 사람까지 범죄하게 만듭니다. 미움은 관계를 파괴하는 바이러스입니다. 그런데 대부분의 경우 내가 미워하는 사람은 투사로 인해 미워하는 경우가 많습니다. 그러므로 미운 사람이 생기면 '저게 내 모습이구나.'고 생각하시면 거의 맞습니다. 그를 통해 자기를 더 깊이 성찰하고 자신을 용서하고, 미운 그 사람도 용서하는 은혜의 결단이 있을 때 내가 복을 받게 됩니다.

현대 의학의 가장 위대한 업적 중 하나는 몸과 마음이 연결되어 있다는 사실을 발견한 것입니다. 우리의 기쁨이나 분노는 다양한 방법으로 신체에 영향을 미칩니다. 감사는 우리 몸속에 생화학 반응을 일으킵니다. 우리의 생각이나 감정은 몸 안에서 특정한 화학 물질로 변해 분비됩니다. 조지타운 대학의 생물 물리학 교수인 캔더스 퍼트 박사는 이것을 '감정의 분자'라고 명명했습니다(『소망을 이루어 주는 감사의 힘』에서 참조).

우리가 부정적인 만남이나 감정을 겪은 후 몸의 활기가 떨어지고 소극적으로 변하는 것을 경험하지 않습니까? 그러나 감사가 충만할 때 삶의 활력이 넘치게 됩니다.

퍼트 박사는 과부가 유방암에 걸릴 확률이 2배나 높고 만성 우울증

환자가 질병에 걸릴 가능성이 4배나 높다는 발표를 근거로 들어, 생각과 감정과 신체 기관 사이의 밀접한 교류를 주장했습니다. 실제로 감사의 정신적, 감정적 메시지는 몸의 모든 기관에 전달되어 유익하게 작용한다는 사실이 증명되었습니다.

어떤 조경사의 이야기입니다. 이분은 야외에서 일하는 것을 즐기는 분으로 자신의 직업에 만족하며 행복하게 살았습니다. 15년째 이 일에 종사하면서 항상 건강하고 활기가 넘쳤습니다. 그런데 6개월 전부터 코에 염증이 나타나기 시작하더니 내내 염증이 반복되었습니다.

이분이 어느 날 이런 이야기를 들었습니다.

'당신이 생각하고 느끼는 것이 건강에 지대한 영향을 미친다.'

이 분은 자신이 생각하는 것이 무엇인가 자문해보았습니다. 고민하던 그의 머릿속에 번쩍 스치는 생각이 있었습니다.

'그래, 문제는 사장이었어.'

이전 사장님은 나이가 많아 은퇴하고 아들이 뒤를 이어 회사를 운영하고 있었습니다. 그런데 아들은 전 사장님과 전혀 달랐습니다. 그는 출퇴근 시간을 가지고 빡빡하게 굴었으며, 사용한 장비 내역을 일일이 기록하도록 요구했습니다. 그리고 일을 하면서 발생하는 일꾼들과 고객, 나무, 기타 등등에 대한 보고서를 세밀하게 작성해야 했습니다. 심지어 회사 자동차를 사용할 때도 열흘마다 일일이 주행 거리를 보고하도록 요구했습니다.

이 조경사는 마음으로 사장을 미워하기 시작했고 불평이 가득하게 되었습니다. 상황이 이렇게 되자 이 조경사는 자신의 직업에 감사할 수 없게 되었습니다. 자신이 심어 놓은 나무들이 얼마나 잘 자라고 있고 조경이 얼마나 잘 되었는지 돌아볼 마음조차 들지 않았습니다. 일하러 나가기가 점점 싫어졌고 회사를 그만두고 싶은 생각만 간절했습니다.

자신의 마음과 생각이 이처럼 원망과 불평으로 가득 차 있다는 것을 발견하게 되자 정신이 번쩍 들었습니다. 그리고 그 순간부터 생각을 바꾸기로 결심했습니다. 젊은 사장님이 시도하는 새로운 방식을 인정하기로 했습니다. 사장에 대한 미운 마음을 내려놓고 보니 그분이 과학적이고 체계적으로 회사를 운영하는 것이 인정되었습니다. 그때부터 자신이 심은 나무들을 돌아보며 감사하는 마음을 갖기 시작했습니다. 그리고 일에 대해 감사한 점들을 매일 기록하며 그것들을 되풀이해서 읽었습니다. 그러자 시간이 지나면서 신기하게도 코의 염증이 점점 줄어들더니 마침내 깨끗이 나았습니다. 하지만 이 조경사가 사장의 엄격한 규칙에 짜증을 느끼고 사장을 미워하는 마음이 올라오면 염증은 여지없이 다시 나타났습니다. 그러면 다시 재빨리 미움을 버리고 사장을 용서하고 수용하며 감사의 마음을 회복하였습니다.

이제 미운 사람을 용서하는 시간을 갖기를 소원합니다. 먼저 목사인 저를 용서해 주십시오. 저는 제 나름대로 최선을 다하지만 여러분의 기대에 충족되지 못한 점이 있습니다. 성도들의 기대에 부응하지 못해 실망시키고 상처준 점에 대해 용서해주십시오. 여러분의 고통과 아픔에 응답하지 못하고 위로하지 못하며 돕지 못한 저의 부족을 용서해주십시오.

우리 가족을 용서합시다. 먼저 남편을 용서하십시오. 아내를 용서하십시오. 자녀를 용서하십시오. 그리고 성도와의 관계를 용서합시다. 목원들, 목자들을 용서하십시오. 교역자들을 용서하십시오. 내 마음에 들지 않는 사람을 용서하기로 결심합니다.

감사하기 위해 마지막으로 해결되어야 할 것이 있습니다.
넷째, 하나님께 대한 오해가 해결되어야 합니다.
대개 자기 운명을 탄식하는 사람은 운명에 대한 책임을 하나님께 전가하기 때문에 하나님을 원망하는 마음을 가집니다. 이 원망에서 벗어나려면 하나님에 대한 오해를 씻어야 합니다.

아주 사이가 좋은 형제가 있었습니다. 그런데 어느 날 형이 은행 강도의 총에 맞아 죽고 말았습니다. 동생은 하늘을 향해 울부짖으며 하나님께 따졌습니다. 왜 형이 아무 이유 없이 억울하게 죽어야 했는지, 하나님은 왜 도와주지 않으셨는지 너무나 원망스러웠습니다. 하나님뿐만 아니라 세상의 모든 사람들이 다 원망스러웠습니다.
그러던 어느 날 한 이웃 사람이 이렇게 위로의 말을 건넸습니다.

"형은 참 좋은 사람이었어요."

이 말은 동생의 마음을 다소 진정시켰습니다. 그때부터 동생은 형의 좋은 점을 생각하기 시작했고, 함께 보냈던 즐거운 시간들을 기억해냈습니다. 형의 죽음을 원망하는 대신, 형이 살아있는 동안 자신과 가족에게 얼마나 많은 것들을 주었으며 얼마나 좋은 사람이었는지에 대해 감사하기 시작했습니다.

아직도 형을 생각하면 가슴이 아프고 슬프지만 더 이상 하나님을 원망하거나 사람들을 원망하지는 않게 되었습니다. 그리고 하나님을 원망한 것이 하나님의 섭리에 도전한 것임을 깨닫고 회개하였습니다. 마음이 진정되자 낙심하고 있던 형수님께도 도움을 줄 수 있게 되었습니다. 자신이 형에게 얼마나 감사하고 있는지를 이야기해주자 형수님도 많은 위로를 얻었습니다.

감사하는 마음이 불행을 완전히 사라지게 했다고 말할 수는 없습니다. 하지만, 감사는 원망을 극복하도록 도와주었고 다른 사람을 도울 수 있는 원동력이 되었습니다.

우리가 지금은 이유를 잘 몰라서 오해가 되고 원망이 된다 할지라도 감사하기로 결심합니다. 삶이 변하기 시작합니다.

하나님께서 우리를 향해 가지고 계신 마음은 재앙이 아니라 축복입니다. 믿으시고 감사하는 성도가 되시길 축원합니다.

| 무소꼬마즉모사 |

1. 무조건 감사: 하나님이 나의 아버지가 되시고 내가 그의 사랑하는 딸임에 무조건 감사드립니다.

2. 소리내어 감사: "내가 네게 허락한 것을 다 이루기까지 너를 떠나지 않겠다."는 약속의 말씀을 주시고 이루실 것임에 소리내어 감사드립니다.

3. 꼬집어 감사: 아침잠이 많은데 새벽에 벌떡 일어나게 하시고 기도할 때마다 마음 가득 약속을 확인해 주시니 꼬집어 감사드립니다.

4. 마음 가득 감사: 불신이 많은 저에게 믿음을 주시고 소망과 긍정의 시각으로 점점 변화시켜 주심에 마음 가득 감사드립니다.

5. 즉시 감사: 슬쩍 넘어가고 싶었던 나의 죄악을 예배를 통해 경고해 주시고 회개하고 버리도록 경종을 울려주심에 즉시 감사드립니다.

6. 모든 것에 감사: 나 같은 죄인을 구원해 주신 것, 살 소망이 없었던 제 삶에 개입하시어 비전을 주시고 인도하셨으며, 앞으로도 인도하실 하나님의 사랑을 느끼며 모든 것에 감사합니다.

7. 사람은 감감축: 교회 생활하면서 밉고 맘에 안드는 사람이 있어도 그분께 감사하고 감사하고 축복합니다.

| 적용과 연습 |

무소꼬마즉모사를 매일 연습합니다. 위의 예를 가지고 연습해도 좋고 자신의 삶에 적용할 것이 있으면 적어서 연습해도 됩니다.

1. 무조건 감사

2. 소리내어 감사

3. 꼬집어 감사

4. 마음 가득 감사

5. 즉시 감사

6. 모든 것에 감사

7. 사람은 감감축

5

남편에게 감사거리를 만들어주는 아내가 되겠습니다

| 말씀 | 베드로전서 3:1-6

1 아내들아 이와 같이 자기 남편에게 순종하라 이는 혹 말씀을 순종하지 않는 자라도 말로 말미암지 않고 그 아내의 행실로 말미암아 구원을 받게 하려 함이니
2 너희의 두려워하며 정결한 행실을 봄이라
3 너희의 단장은 머리를 꾸미고 금을 차고 아름다운 옷을 입는 외모로 하지 말고
4 오직 마음에 숨은 사람을 온유하고 안정한 심령의 썩지 아니할 것으로 하라 이는 하나님 앞에 값진 것이니라
5 전에 하나님께 소망을 두었던 거룩한 부녀들도 이와 같이 자기 남편에게 순종함으로 자기를 단장하였나니
6 사라가 아브라함을 주라 칭하여 순종한 것 같이 너희는 선을 행하고 아무 두려운 일에도 놀라지 아니하면 그의 딸이 된 것이니라

결혼 20년차인 여자가 남편의 애정이 식은 것 같다고 불평하기 시작했습니다. 여자는 남편에게 교회 목사님을 찾아가 조언을 구하라고 독촉했습니다. 남편은 그 말을 따랐고, 집으로 돌아오더니 아내를 번쩍 안아 들고 집안을 돌아다니기 시작했습니다. 놀란 여자는 "목사님이 도대체 뭐라고 하신 거예요?"라고 물었습니다.

"당신이 바로 내가 짊어져야 할 십자가라고 하시더군."

결혼생활이 행복하려면 무엇보다 배우자에게 늘 감사하는 마음이 필요합니다. 물론 감사만으로 부부관계가 온전히 회복되는 것은 아닙니다. 부부사이에서 대화 능력, 서로 존중하는 태도, 상대방의 요구에 응답하려는 사랑의 기술과 태도가 필요합니다.

사람들은 행복한 결혼생활을 위해 성숙한 배우자를 찾으려 합니다. 하지만 자신은 성숙해지려고 노력하지 않습니다. 내가 성숙해져야 성숙한 배우자를 만날 수 있습니다. 또한 우리는 결혼 후에도 서로에게 좋은 배우자가 되기 위해 지속적인 자기부인과 변화를 위한 노력이 필요합니다. 좋은 관계를 위해 노력하는 것 중 가장 기초적인 노력이 감사하는 것입니다.

감사를 많이 해도 부부사이에 힘든 시기가 올 수 있습니다. 그러나 서로에게 감사하는 부부는 큰 상처 없이 그 위기를 잘 극복하게 됩니다.

베드로는 행복한 가정을 만들기 위해 본문 1-6절에서는 아내에게, 그리고 7절에서는 남편에게 필요한 자세를 말씀하고 있습니다. 오늘은 아내가 남편을 행복하게 함으로 남편이 감사할 것이 많아지기를 바라는 마음으로 아내에게 권면의 말씀을 하려고 합니다.

아내가 남편을 행복하게 함으로 남편이 감사거리가 많아지게 하려면 첫째, 순종하는 성품이 필요합니다.

본문 1절 말씀을 보십시오.

"아내들아 이와 같이 자기 남편에게 순종하라"

이 구절에서 '이와 같이'란 어떻게 하라는 말입니까? 그 개념이 베드로전서 2장 21-24절에 나와 있습니다. 인간의 죄를 대신해 십자가를 지신 예수님이 하나님께 순종하는 모습이 나옵니다. 예수님은 하나님과 동등하신 분이지만 하나님께 순종하셨습니다.

이처럼 아내도 남편과 동등한 존재이지만 하나님의 뜻과 섭리 안에서 남편에게 순종해야 합니다. 아내의 순종은 가정의 질서와 행복을 위해 하나님이 주신 명령입니다. 남편의 권위는 하나님이 세우신 권위입니다. 남편이 부족해도 하나님이 그 권위를 세웠기에 순종해야 합니다. 그처럼 권위에 순종하는 것은 결코 수치스런 일이 아니라 오히려 행복을 향한 첫걸음입니다.

요즘 각 가정마다 아내의 목소리가 커졌습니다.

어느 날, 예비군 훈련장에서 중대장이 설문조사를 했습니다.

"일을 결정할 때 혼자 결정하지 않고 아내 말을 듣는 사람은 오른쪽 의자에 앉으십시오."

그러자 예비군 350명 중에 단 한 명만 남겨 놓고 다 오른쪽 의자에 앉고 왼쪽에는 딱 한 사람만 남았습니다. 중대장이 왼쪽에 혼자 앉은 남자에게 물었습니다.

"정말 부럽습니다. 어떻게 아내를 꽉 잡았습니까?"

그러자 그가 말했습니다.

"제 아내가 항상 사람 많은데 가지 말라고 했어요. 그래서 이곳에 앉았어요."

이제는 남편이 아내의 말을 잘 들어야 살아 남는 시대가 되었지만 그럼에도 불구하고 아내는 순종함으로 남편을 높여야 합니다.

아내가 남편을 행복하게 함으로 남편이 감사거리가 많아지게 하려면 둘째, 아내의 정결한 성품이 필요합니다.

본문 1절 하반부 말씀을 보십시오.

> 이는 혹 말씀을 순종하지 않는 자라도 말로 말미암지 않고 그 아내의 행실로 말미암아 구원을 받게 하려 함이니

남편의 구원은 아내의 말이 아닌 행동으로 이루어진다는 말씀입니다. 특별히 아내의 어떤 행위가 남편을 감동시킵니까?

> 너희의 두려워하며 정결한 행실을 봄이라

이 구절에서 '두려워하며'라는 말의 뜻은 주님이 주시는 말씀 때문에 두려워한다는 것입니다.

하나님이 순종하라고 하시기 때문에 순종하기 어려운 상황이 올 때

두려워하는 것입니다. 하지만 하나님이 순종하라 말씀하셨기 때문에 복종합니다. 말이 많은 모습보다는 묵묵한 사랑의 실천을 감당하는 것입니다. 남편은 묵묵히 고난을 참고 사랑을 실천하는 아내의 모습에 감격합니다. 남편은 마음 속으로 이런 아내를 존경하고 인정하며, 감히 어떻게 할 수 없는 정결함을 느낍니다.

결국 아내의 사랑과 겸손, 교양과 고결함에 압도되어 아내를 따라 교회에 나오게 됩니다. 아내의 말과 삶이 남편에게 영향력을 미칩니다. 남편에게 설교할 필요가 없습니다. 아내의 설교는 오히려 역효과입니다. 남편은 아내의 말로 변화되지 않고 아내의 행동으로 변화됩니다. 아내의 사랑은 어떤 설교보다 위대한 설교입니다.

빌리 그래함 목사님의 사모님인 룻 그래함은 이렇게 말했습니다.

"남편을 사랑하는 것은 저의 일이고, 남편을 변화시키는 것은 하나님의 일입니다."

그처럼 정결한 마음으로 남편만 바라보고 사랑해주며 살아야 합니다. 논리적이고 예리한 비판은 사람을 변화시키지 못해도 정결한 성품은 반드시 사람의 마음을 움직이고 변화시킵니다.

아내가 남편을 행복하게 함으로 남편이 감사거리가 많아지게 하려면 셋째, 아내의 단정한 성품이 필요합니다.

본문 3-4절 말씀을 보십시오.

> 너희의 단장은 머리를 꾸미고 금을 차고 아름다운 옷을 입는 외모로 하지 말고 오직 마음에 숨은 사람을 온유하고 안정한 심령의 썩지 아니할 것으로 하라 이는 하나님 앞에 값진 것이니라

이 말은 외모보다 인격의 단장이 중요하다는 말입니다.

"모든 남자는 외모가 아름다운 여성을 좋아하지만, 모든 남편은 인격이 아름다운 아내를 좋아합니다."

온유함, 정서적인 안정, 부드러움, 이것은 결혼생활에 매우 중요합니다. 많은 경우, 아내가 온유함을 잃어버릴 때 남편은 어려움을 겪습니다. 온유한 여성의 특징은 완벽한 자기통제를 한다는 것입니다. 안정한 심령이라는 말도 자기를 다스려 진정시키는 힘이 있음을 의미합니다. 온유하고 안정한 심령이란 강건한 성품, 강한 절제, 조용한 우아함과 품위를 지닌 태도를 말합니다.

아내가 남편을 행복하게 함으로 남편이 감사거리가 많아지게 하려면 넷째, 소망의 성품이 필요합니다.

본문 6절 말씀을 보십시오.

> 사라가 아브라함을 주라 칭하여 순종한 것 같이 너희는 선을 행하고 아무 두려운 일에도 놀라지 아니하면 그의 딸이 된 것이니라

아브라함은 사라를 누이라고 속여 2번이나 팔아먹었습니다. 창세기 12장에 보면 가나안 땅에 기근이 들어 아브라함이 애굽으로 이사

를 갑니다. 이때 애굽 사람들이 사라의 미모에 탐을 내서 아브라함을 죽이고 사라를 빼앗아 갈까봐 두려워하여 아내를 누이라고 속입니다. 그래서 사라를 바로왕에게 빼앗깁니다. 결국 하나님이 개입하셔서 아내를 다시 찾아오지만 얼마나 부끄러운 일인지요?

창세기 20장에도 보면 하나님께서 소돔과 고모라를 멸망시키신 사건 이후에 아브라함이 남방으로 이사합니다. 이때도 마찬가지로 사라를 자기 누이라고 속여서 결국 그랄왕 아비멜렉이 사라를 데려갑니다. 이 때도 하나님께서 강력하게 개입하셔서 사라를 구하게 되지만 망신을 톡톡히 당하지 않습니까?

자기 아내 하나 못 지키는 남편, 아내를 팔아버리는 남편에게 사라가 어떻게 주님이라고 하면서 그렇게 순종할 수 있었습니까?

본문 5절 말씀을 보십시오.

> 전에 하나님께 소망을 두었던 거룩한 부녀들도 이와 같이 자기 남편에게 순종함으로 자기를 단장하였나니

하나님께 소망을 두었다는 말이 무엇입니까?

남편에게 복종하는 상을 남편에게 받지 않고 하나님께 받겠다는 믿음입니다. 아내는 외모로 단장하는 것보다는 순종함으로 단장해야 합니다. 남편은 아내의 격려가 없으면 살 수 없는 약한 존재입니다. 어떤 일을 만나도 남편의 자존심을 손상시키지 마십시오.

남자가 제일 싫어하는 말이 있습니다. 비판하거나 무시하는 말입니다. 아내가 해야 할 최선의 일은 남편을 존경하는 방법을 찾는 것입니

다. 남편의 최고의 팬이 되십시오. 남편은 아내가 말하는 대로 사람들에게 평가가 됩니다. 그렇다면 최대로 평가를 해주어야 합니다. 남편을 존중해주십시오.

성품은 한순간에 만들어지는 것이 아니라 지속적인 노력이 필요합니다. 말씀에 따라 아내의 역할을 충실히 잘 감당할 수 있도록 성품을 다듬어 가십시다.

감사로 여러분의 남편, 여러분의 가족을 변화시키시길 축원합니다.

| 무소꼬마즉모사 |

1. 무조건 감사: 아픈 남편을 챙겨줄 수 있어서 무조건 감사합니다.

2. 소리내어 감사: 남편과 함께 있어서 소리내어 감사합니다.

3. 꼬집어 감사: 남편이 짜증내고 투덜거리지만, 일은 많은데 몸이 안 좋아서 많이 힘들고 예민해져서 그렇다고 이해되어 꼬집어 감사합니다.

4. 마음 가득 감사: 남편이 정말 피곤할텐데도 함께 새벽기도 와줘서 마음 가득 감사합니다.

5. 즉시 감사: 하나님, 좋은 남편을 주셔서 즉시 감사합니다.

6. 모든 것에 감사: 내가 아플 때 남편이 옆에서 맛있는 식사와 간병해 주는 것도 감사하고 이 외에 모든 것에 감사합니다.

7. 사람은 감감축: 남편이 나와 함께 하지 못해 섭섭할 때라도 감사하고 감사하고 남편을 축복합니다.

| 적용과 연습 |

무소꼬마즉모사를 매일 연습합니다. 위의 예를 가지고 연습해도 좋고 자신의 삶에 적용할 것이 있으면 적어서 연습해도 됩니다.

1. 무조건 감사

2. 소리내어 감사

3. 꼬집어 감사

4. 마음 가득 감사

5. 즉시 감사

6. 모든 것에 감사

7. 사람은 감감축

6

아내에게 감사거리를 만들어주는 남편이 되겠습니다

| 말씀 | **베드로전서 3:7**

7 남편들아 이와 같이 지식을 따라 너희 아내와 동거하고 그를 더 연약한 그릇이요 또 생명의 은혜를 함께 이어받을 자로 알아 귀히 여기라 이는 너희 기도가 막히지 아니하게 하려 함이라

앞의 설교에서 어떤 아내는 말씀을 적용하는 것이 많이 힘들어 몸부림치기도 했을 것입니다. 주께서 위로주시길 기도합니다. 오늘은 남편들이 많이 회개해야 할 것입니다.

저도 반성하면서 설교를 준비하였습니다. 부부가 살다 보면 서로의 성향이 달라서 갈등할 때가 많습니다.

어떤 남편이 이야기합니다. 자신이 제일 싫어하는 것이 쇼핑인데 아내가 원하니 쇼핑을 갈 때면 기쁜 마음으로 동행한다고 합니다. 운동화를 고르라고 하면 고르고, 세일이 아니니까 딴 데로 가자고 하면 딴 데로 갑니다. 쇼핑센터에서는 아내가 축구공을 드리블하는 축구선수이고 자신은 아내의 드리블에 따라 이리저리 움직이는 축구공이라고 생각하는 것입니다. 시식 코너에서 음식을 집어 주면 입을 벌리고 맛있게 받아먹습니다. 물건을 살 때 가격이 다소 비싸더라도 놀라지 않습니다.

행복을 위해 이 남편은 기꺼이 순한 어린 양처럼 행동하는 것입니다. 비록 길게 느껴지는 쇼핑 시간일지라도 기뻐하면서 아내의 모든 행동에 대해 감사할 때 아내는 물론 자신도 행복해진다고 고백합니다. 정말 놀라운 남편입니다.

앞에서 우리는 감사하는 아내의 성품을 살펴보았습니다. 감사하는 아내는 순종하는 성품, 정결한 성품, 단정한 성품, 소망적인 성품을 가지고 있다고 했습니다.

본문은 남편의 태도가 어떠해야 하는지 말해줍니다. 말씀을 통해 아내를 행복하게 함으로 아내에게 감사거리를 만들어 주는 남편의 자세는 어떠해야 할까요?

첫째, 남편은 인간관계, 특히 아내에 대한 지식을 갖추기 위해 공부하는 자세가 필요합니다.

본문 7절 말씀 처음 부분을 보십시오.

"남편들아 이와 같이 지식을 따라" 이 구절에서 남편에게 '지식을 따라'라는 말을 하는 것은 남성의 논리적인 사고의 경향성 때문입니다. 남성은 이해가 되어야 행동합니다. 그래서 성경은 먼저 남편에게 공부하라고 말씀합니다. 말씀에 대해 공부하고, 부부에 대해 공부하고 아내에 대해 공부하며 인간에 대해 공부하라는 말입니다.

남편은 아내의 꿈, 비전, 소원, 필요가 무엇인지 알아야 합니다. 특히 아내에게 경제적 안정이 얼마나 중요한지 알고, 경제 생활 때문에 아내가 고통받지 않도록 최선을 다해야 합니다. 그리고 아내의 장점과 약점을 알고, 아내가 무엇을 중요하게 생각하는지 알며, 아내의 생일과 건강상태 등에 대해서도 알아야 합니다.

뿐만 아니라, 아내는 자녀에 대해 관심을 많이 가지고 있습니다. 그래서 자녀의 발달과정에 대해서도 잘 알고 아내와 함께 자녀양육에도 최선을 다해야 합니다.

어떤 남편은 가구에 전혀 관심이 없지만 가구를 좋아하는 아내를 위해 가구점에 자주 들렀습니다. 그 일에는 돈과 시간이 많이 들었지만 부부관계는 깊어지게 되었습니다.

어느 날, 한 친구가 그가 가구점에 자주 들리는 것을 보고 말했습니다.

"자네! 가구를 아주 좋아하나 봐!"

그러자 그가 말했습니다.

"아니야, 가구를 좋아하는 게 아니라 아내를 아주 좋아해."

남편은 아내의 성향과 필요를 알고 그 필요를 채워주어야 합니다. 특히 아내에게 의지할 만한 사람이라는 느낌을 주어야 합니다. 아내가 남편에 대해 언제 제일 든든함을 느낍니까? 아내를 향해 잔소리하지 않고 말없이 사랑과 관심을 줄 때 든든합니다. 이처럼 아내에게 감사거리를 만들어 주고 싶은 남편들은 아내에 대해 연구하고 공부해야 합니다.

둘째, 아내와 함께 있어주는 자세입니다.
본문 7절 말씀을 계속 보십시오.
"너희 아내와 동거하고…" 여기서 '동거하고'라는 말은 함께 있는 시간을 많이 가지라는 뜻입니다. 남편은 아무리 바빠도 아내와 가족을 위해 시간을 내고, 때로 힘든 일이 있어도 끝까지 함께 해야 합니다.
부부는 최대한 붙어 다녀야 합니다. 특히 남편은 아내와 많은 대화를 해 주어야 합니다. 아내의 말을 경청할 줄 알며, 아내의 심정을 알아주는 심정대화를 할 줄 알아야 합니다.

어느 날, 한 가정에서 아내의 신앙문제로 큰 부부싸움이 일어났습니다. 남자가 화를 참다못해 "당신 것 모두 가지고 나가!"라고 소리쳤습니다. 그러자 아내는 큰 가방을 쫙 열어 놓고 말했습니다.

"다 필요 없어요. 이 가방에 하나만 가지고 갈래요. 당신, 어서 가방 속에 들어가세요."

남편이 그 말을 듣고 어이가 없었지만 한편으로는 깊은 사랑을 느끼며 아내에게 곧 사과했습니다.

또한 본문에서 '동거하고'라는 말의 헬라어 원어는 원래 성적 책임을 다하라는 뜻이 있습니다.

하나님이 하신 결혼 주례사는 "남자가 부모를 떠나 연합하여 둘이 한 몸을 이루라!"고 했습니다. 부부의 한 몸을 이루는 절정이 성적인 연합입니다.

고린도전서 7장 4절 말씀을 보면 "아내는 자기 몸을 주장하지 못하고 오직 그 남편이 하며 남편도 그와 같이 자기 몸을 주장하지 못하고 오직 그 아내가 하나니" 라고 말씀합니다.

성경은 피차 서로가 서로의 요구를 존중하라고 명령합니다. 아내에게 감사거리를 만들어 주고 싶은 남편은 아내와 함께 있어주고 대화하며 성적 연합을 통해 하나되어야 합니다.

셋째, 아내를 이해하고 지켜주는 자세입니다.

본문 7절 말씀을 보면 아내를 '더 연약한 그릇'이라고 말씀합니다. 아내는 정서적으로 깨지기 쉽다는 것입니다. 여러분, 남녀의 정서적 능력을 비교해 보면 여성이 훨씬 더 능력이 있습니다. 여성에게 모성 능력이 있기 때문입니다. 그래서 여성이 먼저 남편에게 순종하라고 말씀하고 있습니다.

그렇지만 여성은 감정적인 특성이 있기 때문에 남성이 아내를 잘 다스려 부드럽고 신사적인 태도로 대해야 합니다. 남편은 아내를 일회용 접시처럼 다루지 말고 고려청자처럼 잘 다루어야 합니다.

남편이 하나님 다음으로 제일 먼저 생각해야 할 사람이 바로 아내입니다. 남편은 아내의 행동과 상관없이 그저 "아내는 더 연약한 그릇으로 알고 보호하자!"고 다짐해야 합니다. 그래서 윽박지르고 강요하지 말고, 부부간에도 지켜야 할 예의는 지켜야 합니다. 가정의 행복은 예의바른 작은 언행들이 모여서 이루어지고, 가정의 불행은 예의 없는 작은 언행들 때문에 생깁니다.

어느 날, 급히 외출해야 하는데 아내가 화장대 앞에 너무 오래 있으니까 남편은 화가 나서 말했습니다.

"발라봐야 소용없어!"

여자에게 아름다움은 절대 이슈인데, 얼마나 이해심이 없는 말입니까? 물론 아내가 잘못했는데도 무조건 잘했다고 말해주라는 것이 아닙니다. 먼저 아내의 생각과 감정과 소원을 존중해주고, 그 다음 아내를 잘 이끌어 주라는 말입니다.

또한 사람은 시간이 흐르면서 변한다는 것도 이해해야 합니다. 아내가 결혼 전에는 소녀처럼 얌전했는데 결혼하고 보니까 신경질과 짜증이 충만합니다. 그때 "속았다!"고 생각하지 마십시오. 처녀의 위치와 아내의 위치를 구분해서 이해하고 너그럽게 수용해야 합니다.

넷째, 아내를 동반자로 아는 자세입니다.
본문은 계속해서 말합니다.

> 또 생명의 은혜를 함께 이어받을 자로 알아 귀히 여기라

이 말은 남편과 아내가 동등하다는 말입니다. 당시 로마법에는 여자의 권리가 없었지만 베드로는 아내를 영원한 동반자로 귀히 여기라고 했습니다. 하물며 요즘 시대는 여성의 지위가 얼마나 높아져 있습니까? 아내를 존중하지 아니하면 남편이 설 자리가 없습니다. 아내는 남편에게 순복해야 하지만 남편은 자기 맘대로 하지 말고 아내와 상의해서 함께 삶을 나누고 비전을 향해 나아가야 합니다.

동반자 관계에서 남편이 해야 할 가장 중요한 일은 아내의 신앙을 지켜주는 일입니다. 남자가 믿는 아내를 가진 것은 복 중의 복입니다. 그런데 많은 남편들이 아내의 믿음을 격려하기보다는 교회에 대한 비판적인 말로 아내의 순수한 믿음을 깨뜨립니다.

유명한 작가 마크 트웨인은 젊었을 때 아름답고 믿음이 있는 리비라는 처녀와 사랑에 빠져 결혼했습니다. 리비는 결혼 후에도 가정예배를 드리고 식사 때마다 기도했습니다. 한동안 그렇게 지내다가 어

느 날, 마크 트웨인이 말했습니다.

"리비! 이제 식사할 때 내게 기도를 강요하지 마시오. 당신이 그러면 나는 점점 위선자가 되는 느낌이오."

그날부터 그 가정에 기도 소리가 사라졌습니다. 시간이 흐르면서 부와 명성이 따랐지만 동시에 아내 리비는 점점 타락했습니다.

어느 날, 마크 트웨인은 아내를 붙잡고 하소연했습니다.

"리비! 당신의 옛 믿음이 당신을 일으킬 수 있다면 다시 믿음생활을 하시오."

그때 아내가 말했습니다.

"미안해요. 여보! 저는 이제 돌아갈 수 없어요. 저의 믿음은 오래 전에 깨졌어요."

그 말을 듣고 그는 아내의 믿음을 깨뜨린 것을 땅을 치고 후회했습니다.

우리는 이와 유사한 경우를 많이 보게 됩니다. 요즘 많은 주부들이 인터넷 도박과 게임에 빠져 있고, 옛날 동창들을 만나 춤과 술로 취하는 타락된 삶을 볼 수 있습니다.

제가 TV를 보니까 어떤 아내는 가수에게 빠져 가정에서 아내와 엄마의 책임을 져버리고 그 가수가 지방공연을 가면 따라다니며 박수부대가 되어주고 후원해주는 것을 보았습니다.

그런 아내보다는 하나님을 경외하는 아내가 얼마나 고맙습니까?

아내의 믿음을 조롱하면 남편이 얻는 것은 결국 사단의 조롱밖에 없습니다. 요즘 남편을 위해 기도하는 아내는 많지만 아내를 위해 기도하는 남편은 너무 적은 것을 봅니다.

아내에게 돈과 보석과 지위를 주는 남편이 되기보다 기도해주는 남편이 되는 것이 훨씬 중요합니다. 그래야 본문 말씀처럼 기도가 막히지 않게 됩니다. 기도가 막히지 않는다는 말은 하나님과의 관계가 정상적이 된다는 말입니다. 하나님과의 관계가 회복될 때 가정에 천국이 펼쳐질 것입니다.

어제 아내가 남편을 섬기면 그 상은 하나님이 주신다고 했습니다. 오늘도 마찬가지입니다. 아내를 행복하게 만들어주는 것은 하나님의 명령인데 아내를 행복하게 해서 아내가 감사할 거리가 많아지게 되면 그 남편도 하나님께 복을 받습니다.

많은 부부가 서로 수평적으로 '네가 잘하면 나도 잘 할게' 하는 마음으로 관계를 합니다. 그러나 우리 그리스도인은 하나님 때문에 잘 해야 합니다. 나의 구세주이신 예수님께서 명령하십니다.

'아내가 너의 섬김 때문에 감사하게 하라.'

이런 자세는 하루아침에 만들어지는 것이 아닙니다. 지속적인 노력이 있어야 행복한 가정이 주어집니다.

아내와 가족을 섬기는 성도가 되시길 축원합니다.

| 무소꼬마즉모사 |

1. 무조건 감사: 아내를 바라보며 무조건 감사하겠습니다.
2. 소리내어 감사: 하나님, 아내를 주셔서 소리내어 감사합니다.
3. 꼬집어 감사: 나는 몸이 힘들어 쉬고 싶은데 아내가 자꾸 아이들과 함께 외출하자고 하지만 그래도 꼬집어 감사합니다.
4. 마음 가득 감사: 아내가 건강해서 마음 가득 감사합니다.
5. 즉시 감사: 지금 즉시 감사합니다.
6. 모든 것에 감사: 겉사람은 점점 후패해지지만 그래도 모든 것에 감사합니다.
7. 사람은 감감축: 아내를 주셔서 감사하고 아내가 나처럼 나이 들어가지만 그래도 감사하고 감사하며 축복합니다.

| 무소꼬마즉모사 |

1. 무조건 감사: 오늘 이 말씀을 저희 부부에게 듣게 하셔서 자녀를 더 감사함으로 보게 하셔서 무조건 감사합니다.
2. 소리내어 감사: 저희 부부에게 사랑하는 자녀를 주심에 소리내어 감사합니다.
3. 꼬집어 감사: 저희에게 아들만 주심에 꼬집어 감사합니다.
4. 마음 가득 감사: 부족한 부모이지만 항상 순종해주고 믿어주는 자녀가 있어 마음 가득 감사합니다.
5. 즉시 감사: 오늘도 함께 있을 때 환한 웃음으로 반겨주는 자녀들이 있어 즉시 감사합니다.
6. 모든 것에 감사: 자녀들을 통해서 좋은 부모가 될 수 있게 기도하게 해 주시고 그 밖의 모든 것에 감사합니다.
7. 사람은 감감축: 저희에게 귀한 자녀를 주시고 하나님의 뜻대로 양육할 때 사랑과 인내를 배우게 하시니 감사하고 감사하고 나와 우리 가족 모두를 축복합니다.

| 적용과 연습 |

무소꼬마즉모사를 매일 연습합니다. 위의 예를 가지고 연습해도 좋고 자신의 삶에 적용할 것이 있으면 적어서 연습해도 됩니다.

1. 무조건 감사

2. 소리내어 감사

3. 꼬집어 감사

4. 마음 가득 감사

5. 즉시 감사

6. 모든 것에 감사

7. 사람은 감감축

⑦ 부모에게 감사하겠습니다

| 말씀 | **창세기 22:1-12**

1 그 일 후에 하나님이 아브라함을 시험하시려고 그를 부르시되 아브라함아 하시니 그가 이르되 내가 여기 있나이다

2 여호와께서 이르시되 네 아들 네 사랑하는 독자 이삭을 데리고 모리아 땅으로 가서 내가 네게 일러 준 한 산 거기서 그를 번제로 드리라

3 아브라함이 아침에 일찍이 일어나 나귀에 안장을 지우고 두 종과 그의 아들 이삭을 데리고 번제에 쓸 나무를 쪼개어 가지고 떠나 하나님이 자기에게 일러 주신 곳으로 가더니

4 제삼일에 아브라함이 눈을 들어 그 곳을 멀리 바라본지라

5 이에 아브라함이 종들에게 이르되 너희는 나귀와 함께 여기서 기다리라 내가 아이와 함께 저기 가서 예배하고 우리가 너희에게로 돌아오리라 하고

6 아브라함이 이에 번제 나무를 가져다가 그의 아들 이삭에게 지우고 자기는 불과 칼을 손에 들고 두 사람이 동행하더니

7 이삭이 그 아버지 아브라함에게 말하여 이르되 내 아버지여 하니 그가 이르되 내 아들아 내가 여기 있노라 이삭이 이르되 불과 나무는 있거니와 번제할 어린 양은 어디 있나이까

> 8 아브라함이 이르되 내 아들아 번제할 어린 양은 하나님이 자기를 위하여 친히 준비하시리라 하고 두 사람이 함께 나아가서
>
> 9 하나님이 그에게 일러 주신 곳에 이른지라 이에 아브라함이 그 곳에 제단을 쌓고 나무를 벌여 놓고 그의 아들 이삭을 결박하여 제단 나무 위에 놓고
>
> 10 손을 내밀어 칼을 잡고 그 아들을 잡으려 하니
>
> 11 여호와의 사자가 하늘에서부터 그를 불러 이르시되 아브라함아 아브라함아 하시는지라 아브라함이 이르되 내가 여기 있나이다 하매
>
> 12 사자가 이르시되 그 아이에게 네 손을 대지 말라 그에게 아무 일도 하지 말라 네가 네 아들 네 독자까지도 내게 아끼지 아니하였으니 내가 이제야 네가 하나님을 경외하는 줄을 아노라

유방암을 앓고 있는 한 여집사님이 상담자를 찾아왔습니다. 이분은 대기업의 CEO 컨설팅을 전문적으로 하시는 분으로 능력을 인정받는 분입니다. 그런데 이 집사님이 지금 분노가 가득하여 자기 아버지에 대한 분노를 폭발하는 것입니다. 상담자가 질문했습니다. 아버지의 어떤 모습이 그토록 많은 상처를 주었습니까? 그녀는 대답하길, 회사의 사장인 아버지는 자신이 조

금이라도 노는 것이나 늦잠 자는 것을 용납하지 않았다고 말합니다. 늘 자기를 엄격하게 대하였다는 것입니다. 상담자는 이분을 충분히 위로한 후에 다시 묻기를, 다른 가족은 당신을 어떻게 대했느냐고 물었습니다. 그녀는 자기 어머니, 할머니, 이모가 언제나 다정하게 대해주고 그녀의 모든 요구를 다 들어주었다고 답했습니다.

상담자는 다시 묻습니다.

"그런 환경에서 그분들하고만 살았다면 지금처럼 똑똑하고 주도적인 삶을 살 수 있었겠습니까? 거칠고 책망하는 아버지로 인해 당신은 독립적인 인간으로 성장한 게 아닐까요?"

집사님은 놀란 듯이 잠깐 생각하더니 "선생님 말씀이 옳은 것 같습니다." 라고 대답하였습니다.

상담자는 다시 물었습니다.

"아버지가 당신에게 준 것이 무엇일까요?

집사님은 잠시 생각하더니, "아마도 확고한 신념, 탁월한 리더십, 불의와 맞서는 힘을 배운 것 같아요." 라고 말하였습니다.

상담자는 말합니다.

"그 점에 대해 아버지께 감사하다고 말해 본 적이 있습니까?"

"한번도 그런 식으로 생각해보지 못했어요."

드디어 집사님은 아버지의 책망과 엄격함이 자기에게 주어진 선물임을 깨닫고는 울기 시작했습니다. 아버지가 고마운 것입니다. 그녀에게 아버지와의 화해는 대단한 자기극복이었습니다.

그 다음날 그녀는 아버지에게 전화를 걸었고 이렇게 해서 두 부녀의 관계는 회복되었습니다.

여러분은 부모에게 감사하고 있습니까? 본문에는 이삭이 등장하고 있습니다. 이삭은 어떤 아들입니까? 아브라함이 100세에 얻은 아들이었습니다. 하나님이 아들을 주시겠다고 약속하신 뒤 수십년을 기다려서 얻은 아들입니다. 아브라함은 그 아들을 사랑했습니다. 얼만큼 사랑했을까요? 아마도 그 아들이 우상이 될 만큼 사랑했을 것입니다. 정말이지 자기 목숨을 다 주어도 좋을 만큼 사랑스러운 아들입니다. 그래서 하나님은 더 이상 그 아들이 우상이 되지 않기 위하여 그 아들을 포기할 수 있는가 시험하십니다.

여러분, 본문에 나타난 가장 커다란 희생자는 누구일까요? 이삭일까요? 아브라함일까요? 객관적으로 볼 때 이삭이 번제의 제물로 바쳐지기 위해서 지금 모리아산을 오르고 있습니다. 지금 이삭이 죽어야 합니다. 그러니까 이삭이 가장 커다란 희생자인 것처럼 보입니다.

그러나 본문을 자세히 관찰하면 그렇게 생각할 수 없습니다. 이삭은 그저 묵묵히 따르는 자일뿐입니다. 본문에는 아버지 아브라함의 피눈물나는 자기 부인의 싸움이 있습니다. 이제 아브라함의 심정을 생각해 보십시오. 아버지 아브라함의 심정은 어땠을까요? 본문의 2절에 보시면 아브라함이 하나님께 명령을 받습니다.

여호와께서 이르시되 네 아들 네 사랑하는 독자 이삭을 데리고 모리아 땅으로 가서 내가 네게 일러 준 한 산 거기서 그를 번제로 드리라

2절에서 명령을 받고 그 다음 3절에 보시면 이제 떠나갈 준비를 합니다. 어떻게 준비합니까?

아브라함이 아침에 일찍이 일어나 나귀에 안장을 지우고 두 종과 그의 아들 이삭을 데리고 번제에 쓸 나무를 쪼개어 가지고 떠나…

그 나무를 쪼갤 때 아브라함의 심정이 어땠을까요? 유명한 설교가 스펄전은 이렇게 말했습니다. "아브라함이 자기 아들을 태울 번제에 쓸 그 나무를 패고 있었을 때 그는 나무를 쪼개고 있던 것이 아니라 자신의 심장을 쪼개고 있었다."라고 기록하고 있습니다.

4절에 보면 사흘 길 걸려서 산을 향해 나갑니다. 그 사흘 길은 틀림없이 십자가의 길이었을 것입니다. 고난의 길이었을 것입니다. 여기 모리아산을 향해서 오르고 있던 아브라함은 바로 갈보리산을 오르는 예수님의 모습을 보여주고 있지 않습니까?

사랑하는 독자 이삭을 내어줘야 했었던 아브라함의 마음은 사랑하는 독생자 예수 그리스도를 내어주시던 하나님 아버지의 마음이었습니다. 이것이 자식을 향한 부모의 마음입니다. 이삭은 부모에게 자신을 맡깁니다. 심지어 아버지가 자기를 죽여도 자기 생명을 맡길 수 있는 절대적 신뢰가 있었습니다.

저는 이삭의 절대적 순종에 놀라게 됩니다. 자식이 아무리 부모의 사랑을 많이 받아도 부모가 나를 죽이려 하면 배신과 분노를 느끼고 저항하게 됩니다. 그런데 이삭은 온전한 마음으로 자기 목숨을 내어주는 것입니다. 이것은 절대적 신뢰요, 사랑이며 충성이고 순종입니다.

우리에게 부모의 은혜에 감사하는 이런 이삭의 자세가 필요합니다. 그러나 우리의 삶을 보면 우리 부모가 아브라함처럼 인격과 신앙이 훌륭하지 못하기 때문에 사랑은 커녕 고통과 상처를 받은 자식이 더 많은 것이 현실입니다.

예를 들면 사소한 일인데 심하게 모욕 주고 야단쳐서 깊은 상처를 주는 부모, 자녀의 마음을 이해하지 못하고 자녀가 하는 말에 귀 기울이지 않고 무조건 무시하고 뭐든 강제로 밀어붙이는 부모, 잔소리가 심한 부모, 과잉보호하여 사사건건 간섭하는 부모, 자식의 먹을 것에 대해 전혀 신경쓰지 않는 부모, 자식을 귀찮게 여기고 아예 관심이 없는 부모, 공부, 출세, 돈 버는 것에만 관심을 가지고 학원을 몇 개씩이나 다니게 하는 부모, 툭하면 다른 아이들과 비교하여 자존심 상하게 하는 부모, 부부싸움이 심한 부모, 약속을 안 지키고 말만 앞서는 부모, 폭력을 잘 휘두르고 욕을 하는 부모, 병든 부모, 알코올 중독 등 각종 중독증 부모, 참 힘든 부모입니다.

그러나 부모가 내게 이런 상처를 주었어도 부모를 향해 사랑과 순종을 하는 자식이 부모의 은혜를 알고 감사하는 자식입니다. 특히 내게 생명과 삶을 주신 부모에게 무조건 머리 숙이는 것이 부모의 은혜에 감사하는 자식입니다. 하지만 이 수준까지 가는 것이 결코 쉽지 않습니다. 자기치료와 회복의 과정을 넘어야 부모의 은혜에 감사하게 됩니다.

이 수준에 가게 되면 부모의 마음 속에 선한 마음을 찾게 됩니다. 우리의 부모가 여러 가지 면에서 아무리 부족해도 자식을 향한 그분의 사랑과 희생, 헌신이 담긴 선함이 있습니다. 자신은 악하게 살았더라도 자식은 선하게 살기를 바라고, 설령 자신은 실패했어도 자식만은 성공하기를 바라고, 자신은 거짓되이 살았어도 자식은 진실하게 살아 주기를 바라는 것이 부모의 마음입니다.

이러한 우리의 부모를 진정으로 사랑하며 섬기는 것이 당연함에도 불구하고 부모에게 감사하며 마음을 다해 섬기기란 쉽지 않습니다. 그 이유가 무엇입니까?

첫째는 우리의 근원적인 악 때문입니다.

성도 여러분, 인간 안에 내재하는 악을 아십니까? 그 죄와 악을 회개하고 돌이키지 않는 한, 누구든 진정으로 사랑할 수는 없습니다. 자기만을 위해 살고 싶어 하는 인간의 근본적인 악과 죄를 회개하고 그리스도 중심적인 인간이 되지 아니하면 진정으로 부모에게 감사하기는 어렵습니다.

둘째, 이기주의 때문입니다.

부모가 내게 잘 해준 것이 없으니 감사할 것이 없다는 것입니다. 받은 것이 없으니 줄 것도 없다는 것입니다. 아무리 좋은 마음을 먹고 잘해 드리려고 해도 부모님의 행동을 보면 그런 마음이 싹 가신다는 것입니다. 이런 분들의 마음이 이해되기는 하지만 그러나 이것 자체가 조건적인 사랑입니다. 이것을 회개해야 합니다.

요즘 많은 사람들이 부모를 공경하려고 하지 않습니다. 함께 살려고 하지 않습니다. 그래서 가정마다 불행하고 어려운 일이 많습니다.

세브란스 병원에서 근무하는 한 의사가 어떤 목사님께 탄식하듯 이야기합니다.

"목사님, 세상 살아 보니까 자식은 필요가 없어요."

"왜 그런 말씀을 하십니까?"

"대개 자식이 아파서 병원에 온 부모들은 의사를 붙잡고 돈은 얼마가 들어도 좋으니 어떻게 하든지 자식을 고쳐 달라고 사정을 합니다. 그런데 노부모를 모시고 온 자식들은 얼마나 사시겠냐고 죽는 날만 묻습니다."

자식이 아프면 부모는 살려 달라고 애걸복걸하지만, 부모가 아프면 살려 달라는 자식이 없다는 것입니다.

여러분, 우리가 가만히 다시 생각해 봅시다. 만일 우리 부모가 우리를 잘못 대했기 때문에 우리가 감사하기 어렵고 효도하기 어렵다면 보통 사람과 다른 것이 뭐가 있겠습니까?

성도 여러분, 우리는 보통사람과 다릅니다. 무엇이 다릅니까? 하나님의 영원한 사랑을 받았고, 그분의 은혜와 긍휼을 입어 우리의 모든 죄가 용서되는 축복을 입었습니다.

영원한 저주와 노예, 지옥의 형벌에서 자유로운 은혜를 입었습니다. 우리는 말할 수 없는 축복을 받은 것입니다. 하나님의 자녀가 되었고, 영생을 얻었으며, 이 땅에서도 새로운 피조물로 살아갈 수 있는 능력을 입었습니다. 우리의 가능성은 말할 수 없을 정도로 놀랍습니다. 이런 하나님의 은혜 때문에 우리는 앞으로 더 놀라운 삶을 살 것입니다. 따라서 과거에 상처를 준 사람들이 있어도 하나님의 용서하심 때문에 용서해주는 것이 은혜를 아는 자의 모습입니다.

　이제 우리는 과거를 정리해야 합니다. 용서하고 화목해야 합니다. 우리가 중심에서 달라진 삶, 감사가 넘치는 삶을 누려야 합니다. 바로 그 누림이 어디서부터 시작됩니까? 바로 내 안에서부터 시작되어져 부모와 나와의 관계에서 제일 먼저 적용되어져야 합니다.

　왜 그렇습니까? 우리 부모는 내 존재의 시작입니다. 우리 부모는 내 모든 관계의 시작이기 때문에 처음 관계가 잘못 되어졌으면 모든 관계가 다 잘못 되어지는 것입니다. 그러므로 달라진 새 삶의 원리를 어디서부터 먼저 적용해야할까요? 부모와 나와의 관계부터 적용해야 합니다. 그래야 내 삶이 풍성해지고 내 인생이 아름다워지는 것입니다. 그분이 나에게 잘했건 잘못했건 그것이 문제가 아닙니다. 그리스도 안에서 하나님의 은혜 때문에 우리의 관계가 새로워져야 하는 것입니다.

　성경은 우리에게 뭐라고 말씀합니까?

> 출애굽기 20:12 네 부모를 공경하라 그리하면 네 하나님 여호와가 네게 준 땅에서 네 생명이 길리라

성도 여러분, 우리는 부모님께 우리 나름대로 효도하려고 노력해도 때때로 불효자일 때가 많습니다. 나는 최선을 다했다고 변명해 보지만 가슴 깊은 곳에 양심의 가책을 부인할 수 없을 때가 많습니다. 이번 기회를 통해 우리 함께 회개하십시다. 그리고 최선을 다해 부모의 은혜에 감사를 표현하는 자식이 된다면 하나님이 우리를 보시고 감동하십니다. 그때 놀라운 복을 받는 성도가 되는 것입니다.

우리가 부모님께 감사할 때 하나님은 더 놀라운 축복을 약속합니다.

에베소서 6장 3절에는 잘 되고 장수한다고 말씀합니다. 우리가 그냥 장수하면 저주입니다. 그러나 잘 되고 형통하며 장수한다면, 얼마나 큰 축복입니까? 부모님을 향해 효도함으로 우리가 행복하고 또 형통하고 장수하는 축복이 주어집니다.

이 축복이 여러분 모두의 축복되시길 축원합니다.

| 감사일기 |

제가 부모님을 생각하며 감사 일기를 적어보았습니다.

1. 아버지가 제게 상처를 많이 주셨지만 신앙의 유산을 물려주셔서 감사합니다.

2. 아버지가 아주 영특하시고 창조적이고 꿈이 많은 분이었는데 그런 좋은 점들을 저에게 물려 주셔서 감사합니다.

3. 어머니는 하나님을 향한 깊은 사랑과 헌신, 열정, 충성심을 저에게 물려주셔서 감사합니다.

4. 어머니가 10년 전에 뇌출혈로 쓰러지셨지만 신앙의 힘으로 극복하셔서 건강을 회복하셨고 지금도 자식과 교회를 위해 기도하시니 감사합니다.

8

자녀에게 감사하겠습니다

| 말씀 | 시편 127:3-5

> 3 보라 자식들은 여호와의 기업이요 태의 열매는 그의 상급이로다
> 4 젊은 자의 자식은 장사의 수중의 화살 같으니
> 5 이것이 그의 화살통에 가득한 자는 복되도다 그들이 성문에서 그들의 원수와 담판할 때에 수치를 당하지 아니하리로다

어떤 어머니가 대학입시를 앞두고 있는 아들에게 준 글입니다.

'아들아, 네가 우리의 아들인 것이 정말 기쁘구나. 너는 우리에게 너무 소중하고 귀한 존재란다. 하나님께서 너를 우리 가정에 보내주신 것을 너무 감사 한단다. 너로 인하여 엄마와 아빠는 너무 행복하고 즐겁단다. 네가 입시 때문에 얼마나 힘들고 어려운지 나도 조금은 알 것 같구나.

애야, 그러나 우리가 하나님을 떠나서는 아무것도 할 수 없단다. 네가 입

시에 합격하기 전에, 하나님께 감사하는 생활에 먼저 합격하면 어떠하겠니? 그런 후에 너의 시험도 하나님께 맡기자꾸나. 우리 하나님은 엄마보다 너를 더 사랑으로 지켜주실 테니까.

사랑하는 엄마가

여러분, 대학입시에 합격하기 이전에, 하나님을 향해 감사하는 삶에 먼저 합격했으면 좋겠다는 어머니의 마음이 얼마나 아름답습니까? 자녀가 엄마의 이 말 한마디에 마음 속에 평안과 용기를 갖게 될 것입니다.

어떤 아들이 피아노를 배우러 가다가 중간에 다른 곳에 들러서 놀았고, 집에 와서 피아노를 다 치고 온 것처럼 부모를 속였지만, 엄마가 알게 되었습니다. 엄마는 화가 났습니다.

"야 이놈아, 아빠가 월급 타다가 밥 먹여주고 공부시켜주고 피아노까지 가르쳐주었는데 그것도 하기 싫어서 거짓말까지 해!"라고 책망했습니다. 그리고 옆에 있는 아버지에게 혼 좀 내주라고 하였습니다. 그러나 아버지는 아들에게 이렇게 편지를 썼습니다.

"아들아, 너는 나의 기쁨이란다. 네가 나에게 준 기쁨이란 평생 갚아도 갚을 수 없을 만큼 큰 것이었어. 그건 아빠가 너에게 진 사랑의 빚과 같은 거야. 너도 아빠에게 많은 사랑을 받아 사랑의 빚이 있겠지만 사실은 나도 네게 빚이 있단다. 그러니까 아빠 때문에 치기 싫은 피아노 억지로 친다면 피아노 안 쳐도 돼. 알았지?"

그날 이후 아이는 기쁜 마음으로 기분 좋게 피아노를 배우러 다녔습니다. 그리고 그 편지 이후 아들은 아빠를 무척이나 따르게 되었습니다. 그 아버지는 편지 한 장으로 아들의 마음을 얻게 되었고 자녀를 교육할 수 있는 권한과 기회 또한 얻게 된 것입니다. 아이는 그 후로 아빠의 말을 들으려 했고 존중하려 했습니다.

부모는 자식으로 인해 감사해야 합니다. 이것은 자식이 부모의 기쁨이며 상급임을 아는 것입니다.
본문 3절을 보십시오.

3 보라 자식들은 여호와의 기업이요 태의 열매는 그의 상급이로다

자식은 하나님께서 부모에게 은혜로 주신 축복의 존재입니다. 자녀들은 가정에 큰 기쁨을 선사하며 한 개인의 인생에 베푸신 하나님의 선하심의 표현이며, 그분의 사랑과 자비의 증거입니다. 대부분의 부모들은 본능적으로 아이들에게 고마운 마음을 갖습니다. 특히 아이들이 사랑스럽게 행동할 때는 더욱 그렇습니다. 그러나 아이들을 키우다 보면 속상하고, 힘들거나 귀찮고, 미운 순간도 있고, 도저히 참을 수 없는 일들에 부딪히기도 합니다. 자녀가 부모의 화를 돋우고 절망감을 느끼게 하는 최고의 순간은 사춘기 때일 것입니다.

어느 추운 겨울에 한 고등학교에서 '10대 자녀 이해하기'라는 제목으로 세미나를 진행했습니다. 강사가 참석한 부모들에게 질문하였습니다.

"날씨도 추운데 여러분은 무엇을 얻기 위해 이렇게 모이셨습니까? 무엇을 배우고 싶으십니까?"

그러자 어떤 어머니가 이렇게 대답했습니다.

"우리 아이들 틈에서 어떻게 하면 살아남을 수 있을지 알고 싶어요?"

참석한 부모들은 모두 공감하며 웃었습니다.

아이들은 부모의 그늘로부터 벗어나기 위해 수단과 방법을 가리지 않습니다. 때에 따라서는 부모가 원하는 것과는 완전히 반대되는 행동만 일부러 골라서 하는 것처럼 보이기도 합니다.

그들은 유아기 아이들과 마찬가지로 합리적인 사고가 결여되어 있지만 유아기에 비해 반항심은 훨씬 큽니다. 자녀가 이럴 때 우리는 감사하기가 아주 어렵습니다.

- 공부에 전혀 관심이 없어 공부를 안하는 자녀
- 반항하는 사춘기 자녀
- 청개구리처럼 말 안 듣는 자녀
- 게으르고 지저분한 자녀
- 툭하면 사고 쳐서 선생님에게 불려 가게 만드는 자녀
- 나쁜 친구들과 어울려 못된 짓을 하고 다니는 자녀
- 가출한 자녀
- 욕 잘하고 거짓말 잘하고 잘 훔치는 자녀

감사가 참 어렵겠죠?

자녀들과 함께 지내는 일이 힘들다고 해도 잘 견디고 인내해야 합니다. 자녀들에게 문제가 있다고 자녀의 인생 전체가 실패한 것은 아닙니다. 대부분의 자녀들은 부모님을 기쁘게 해주고 싶어합니다. 하지만 마음대로 안 되니 그 자신도 괴롭습니다. 그러므로 부모는 자녀에 대해 이해해주고 인내하며 감사의 마음을 잃지 말아야 합니다.

4 젊은 자의 자식은 장사의 수중의 화살 같으니

나아가 자녀들은 장사의 수중의 화살과 같습니다. 이 말씀에는 깊은 뜻이 있습니다.

성경에서 아버지는 전쟁 중의 전사처럼 묘사되어 있고 자녀들은 화살처럼 묘사되어 있습니다. 전사가 적을 무찌르는 데는 화살이 필수 항목입니다. 화살은 무기 중에도 장거리 무기입니다. 가까운 적을 상대할 때에는 창이나 칼이 필요하지만, 멀리 떨어진 적을 상대할 때에는 화살이 요긴합니다. 화살은 멀리 있는 적을 공격하는 강력한 파괴력을 가진 무기입니다.

우리 아이들은 현재의 싸움을 하는 것이 아닙니다. 그들은 미래가 문제입니다. 하지만 미래는 부모의 몫이 아닙니다. 부모가 자녀들을 사랑하고 잘 도우면 그들이 스스로 잘 감당해 갈 것입니다.

5 이것이 그의 화살통에 가득한 자는 복되도다 그들이 성문에서 그들의 원수와 담판할 때에 수치를 당하지 아니하리로다

여기서 성문이 무엇입니까? 성의 출입문인 동시에, 상업과 공동체의 문화의 중심지입니다. 또한 성문은 재판을 하는 법정이었습니다.

성문에서 말한다는 것은 법적으로 하는 자기 진술을 의미합니다. 예상치 않은 공격을 받고 고소를 당했을 때, 정의로운 자녀는 부모에게 힘이 되고 공정한 판단을 이끌어 내는 힘이 됩니다. 자녀는 사회의 공의를 세우는데 힘이 됩니다. 우리가 사는 세상은 선과 악이 혼동될 때가 있습니다. 지금까지 쌓아온 노력이 하루아침에 수포로 돌아가는 경우도 있습니다.

누가 우리의 명예와 의를 지켜 주시겠습니까? 자녀들입니다. 자녀는 부모의 힘입니다. 공의가 강같이, 정의가 하수같이 흐르는 세상이 되려면, 의인의 자녀들이 번창해야 합니다. 하나님 나라의 영광은 예수 믿는 하나님의 자녀들의 번창을 통해 이루어집니다. 의의 자녀가 번창하면 의로운 사회가 될 것이고, 악한 자들이 번창하면 의인은 숨을 것입니다.

믿음의 자녀가 번창하면 교회와 하나님 나라의 복음이 번창할 것입니다. 그러기 위해 먼저 화살같은 우리 아이들이 잘 다듬어져야 합니다. 예리한 화살을 쏘려면 가지를 깎고 다듬어 훌륭한 모양의 화살로 만들기 위해 시간을 투자해야 합니다. 자녀 양육도 마찬가지입니다. 자녀들은 어릴 때에 의를 추구할 수 있도록 자녀를 잘 훈련해야 합니다.

솔로몬은 잠언 22장 6절에서 "마땅히 행할 길을 아이에게 가르치라 그리하면 늙어도 그것을 떠나지 아니하리라"고 했습니다.

부모들은 경건한 영향력으로 자녀들을 양육하고 지도해야 합니다. 안타까운 것은 수많은 부모들이 자녀양육의 기회를 놓치는 것입니다. 어떤 분들은 일 때문에 놓치고, 어떤 분들은 공부욕심 때문에 놓치고, 어떤 분들은 과잉보호 때문에 놓칩니다. 어떤 분들은 게으름 때문에 놓칩니다. 그러나 자녀 양육은 하나님 앞에서 모든 부모의 의무입니다. 하나님이 맡기신 이 사역을 학교나 교사 혹은 목사에게 모두 떠넘겨서는 안 됩니다.

청지기직은 하나님이 모든 부모에게 부여하신 것입니다. 그리고 그들은 언젠가 하나님께 그것을 결산하실 것입니다. 어떻게 자녀들을 전통의 화살처럼 준비시킬 것입니까? 화살도 종류가 여럿입니다. 연습용도 있고 장식용도 있습니다. 우리에게 필요한 것은 적을 강력하게 파괴할 수 있는 실전용 화살입니다. '실전용 화살'이 되기 위해서 인생을 사는 법을 준비시켜야 합니다.

인생에서 제일 중요한 세 가지가 무엇일까요?

첫째, 무엇보다 제일 중요한 준비는 신앙입니다.

여호와를 경외하는 것이 인생의 본분입니다. 신앙이 힘이고 능력입니다. 하나님은 믿음의 자녀를 축복하시고 사용하십니다.

둘째, 인격 성장이 중요합니다.

말씀 중심의 가치관을 가지고 인간관계를 따뜻하고 부드럽게 만드는 능력이 있어야 합니다. 그래야 좋은 가정, 좋은 인간관계를 만들 수 있습니다.

셋째, 전문분야 즉, 직업적 능력이 있어야 합니다.

잘 준비된 화살은 목표물을 겨냥하기 위한 것입니다. 자녀들은 부모의 도움을 받아 올바른 목표물을 겨냥하도록 지도를 받아야 합니다. 인생의 목표가 무엇입니까? 성공이 아닙니다. 하나님의 뜻대로 사는 것입니다. 그것은 영혼사랑, 전도와 선교입니다. 여기에 내 인생을 바치는 것입니다. 이 목표를 위해 직업이 있고, 전문 분야가 있는 것입니다.

또한 화살은 날려야 합니다. 군인이 전쟁에서 화살을 날려야 할 때가 결국 옵니다. 마찬가지로 부모들은 때가 되면 성장한 자녀들을 품에서 떠나보내야 합니다. 단순히 자립정도가 아니라 하나님의 나라를 위해 세상을 변화시키도록 사명의식을 갖고 자녀들을 세상 속으로 보내야 합니다.

자녀에게 감사함으로 자녀의 삶을 아름답게 세워주는 부모 되시길 축원합니다.

| 무소꼬마즉모사 |

1. 무조건 감사: 감사의 습관을 만들어 주시기 위해 다니엘 세이레 새벽기도에 빠지지 않고 출석시켜 주시니 무조건 감사합니다.
2. 소리내어 감사: 섬기기 힘든 목원을 잘 섬기려고 애쓸 때 나를 지지해 주시고 힘주신 하나님께 소리내어 감사합니다.
3. 꼬집어 감사: 새벽기도 후 집에 돌아가는데 눈꼽은 끼어 있지만 개그맨 김병만을 만나 딸아이와 인증사진을 찍게 하셔서 기쁘게 하루를 시작하게 하심을 꼬집어 감사드립니다.
4. 마음 가득 감사: 제가 목사님께 큰 실수를 하여 당황되고 정신이 하나도 없을 때, 함께 힘든 마음을 나눠 준 집사님을 곁에 주셔서 감사하고, 오히려 누구나 실수할 수 있다며 힘내시라고 하트를 네 개나 날려주신 심수명 목사님이 저희 교회 담임 목사님인 것을 마음 가득 감사합니다.
5. 즉시 감사: 물가가 하늘 높은 줄 모르고 치솟아 괴로웠는데 미장원에서 하나님께서 주신 지혜로 두 딸들의 파마비용을 14만원에서 10만원으로 낮춰주시니 즉시 감사합니다.
6. 모든 것에 감사: 외모, 성격, 환경, 남편, 아이들, 이웃, 고난, 교회공동체 등 제게 주신 모든 것에 감사드립니다.
7. 사람은 감감축: 우리 남편, 자전거로 여의도까지 출퇴근하며 온갖 스트레스 다 받으면서 가족들 위해 애쓰고 수고하니 감사하고, 주일날 설교시간에 자는 척 하지만 다 듣고 있고 점점 하나님을 알려고 노력하는 마음이 감사하고 감사하고 축복합니다.

| 적용과 연습 |

무소꼬마즉모사를 매일 연습합니다. 위의 예를 가지고 연습해도 좋고 자신의 삶에 적용할 것이 있으면 적어서 연습해도 됩니다.

1. 무조건 감사

2. 소리내어 감사

3. 꼬집어 감사

4. 마음 가득 감사

5. 즉시 감사

6. 모든 것에 감사

7. 사람은 감감축

9

영적 스승에게 감사하겠습니다

| 말씀 | 열왕기하 2:1~6

1 여호와께서 회오리 바람으로 엘리야를 하늘로 올리고자 하실 때에 엘리야가 엘리사와 더불어 길갈에서 나가더니
2 엘리야가 엘리사에게 이르되 청하건대 너는 여기 머물라 여호와께서 나를 벧엘로 보내시느니라 하니 엘리사가 이르되 여호와께서 살아 계심과 당신의 영혼이 살아 있음을 두고 맹세하노니 내가 당신을 떠나지 아니하겠나이다 하는지라 이에 두 사람이 벧엘로 내려가니
3 벧엘에 있는 선지자의 제자들이 엘리사에게로 나아와 그에게 이르되 여호와께서 오늘 당신의 선생을 당신의 머리 위로 데려가실 줄을 아시나이까 하니 이르되 나도 또한 아노니 너희는 잠잠하라 하니라
4 엘리야가 그에게 이르되 엘리사야 청하건대 너는 여기 머물라 여호와께서 나를 여리고로 보내시느니라 엘리사가 이르되 여호와께서 살아 계심과 당신의 영혼이 살아 있음을 두고 맹세하노니 내가 당신을 떠나지 아니하겠나이다 하니라 그들이 여리고에 이르매
5 여리고에 있는 선지자의 제자들이 엘리사에게 나아와 이르되 여호와께서 오늘 당신의 선생을 당신의 머리 위로 데려가실 줄을 아시나이까 하니 엘리사가 이르되 나도 아노니 너희는 잠잠하라
6 엘리야가 또 엘리사에게 이르되 청하건대 너는 여기 머물라 여호와께서 나를 요단으로 보내시느니라 하니 그가 이르되 여호와께서 살아 계심과 당신의 영혼이 살아 있음을 두고 맹세하노니 내가 당신을 떠나지 아니하겠나이다 하는지라 이에 두 사람이 가니라

미국에 유명한 기독교 명문 대학인 휘튼 대학이 있습니다. 그 대학의 총장을 지낸 분 가운데 허드슨 애머딩 박사라는 분이 있습니다. 한 번은 그가 학교를 지원하는 후원 이사회로부터 심각한 사임 압력을 받았습니다. 학생들이 지나치게 자유화되고 있다는 이유 때문이었습니다. 학생들의 머리가 길어지고 심지어 어떤 학생들은 수염을 기르고 머리에 물을 들인다는 소문이 퍼진 것입니다. 요즘 시각으로 보면 아무것도 아니지만 옛날에는 심각했습니다. 이로 인해 학교의 후원자들이 점차 감소하였고 학교는 재정적인 위기에 직면했습니다. 총장과 교수들은 몇 차례 학생들에게 호소했지만 학생들의 행동은 크게 변하지 않았습니다. 이 문제의 해결을 위해 기도회가 열렸고, 총장의 권면 시간이 되자 총장은 학생들을 바라보다가 머리가 긴 학생 한 명을 강단으로 불러내었습니다.

총장은 말합니다.

"자네와 자네의 친구들은 우리 학교의 후원자들이 그렇게 싫어하는 긴 머리를 가지고 있네. 그리고 이 긴 머리 때문에 나와 내 동료 교수들이 그동안 심적인 고통을 받고 있었다네. 그러나 내가 자네를 이 앞으로 불러낸 것은 자네를 정죄하기 위해서가 아니라네. 나와 나의 동료 교수들은 후원자들이 바라보는 식으로 자네들을 바라보고 있지 않다는 것을 알리기 위해서라네. 이 긴 머리와 상관없이 자네의 마음속에는 주님을 향한 사랑이 있고, 진리를 향한 열정을 갖고 있음을 믿고 있다는 것… 우리가 자네들의 머리 길이와 상관없이 여전히 자네들을 사랑하고 있다는 점을 알리기 위해서라네."

이에 학생들은 일어나서 박수와 환호성으로 반응했고, 이후 스스로 머리를 깎고 기도하는 영적 부흥이 일어났다고 합니다.

그렇습니다. 스승은 사랑으로 가르칩니다. 스승은 진정한 인격적인 영향력으로 관계를 맺습니다. 어떤 사람이 훌륭하다고 한다면 그 사람의 배경에는 반드시 훌륭한 스승이 있습니다. 그러므로 영적인 스승이 없는 사람은 불쌍한 사람입니다. 그런 사람은 하나님을 깊이 만나기도 어렵고 행복하기도 어렵습니다.

성도 여러분, 우리가 신앙적인 부모나 지도자가 되면 내가 돌보는 영혼들에게 하나님을 만나게 하려고 애쓰게 됩니다. 영적 스승이 되면 하나님에 대해 민감하려 합니다. 하나님의 뜻, 하나님의 말씀을 잘 깨달아 내가 돌보는 영혼들에게 전달하려 합니다. 그래서 영적 사역이 우선순위가 되게 하기 위해 많은 희생을 감당합니다. 또 자신의 부족한 영성과 인격 때문에 늘 고민합니다.

본문 말씀은 엘리야와 그의 제자 엘리사의 관계입니다. 엘리야는 하나님의 뜻에 따라 농부로서 밭을 갈고 있는 엘리사를 불렀습니다. 그리고는 선지자 훈련을 시켰습니다. 이제 하나님께서 엘리야를 하늘로 부르시는 시간이 임박했습니다.

엘리사는 갑자기 눈 앞이 캄캄해졌습니다.

'아직까지 독기를 품고 있는 바알 우상숭배의 원흉 이세벨 왕비를 어떻게 하란 말인가? 길갈과 벧엘과 여리고 있는 수백 명의 선지생도들을 가르치는 선지자 학교는 어찌 경영하란 말인가? 아직까지 바알 신을 숭배하는 북왕국을 어떻게 하나님을 섬기는 나라로 바꾸란 말인가?'

이때, 엘리사는 그 난국을 어떻게 헤쳐 나갈까요? 본문에서 살펴보니 엘리사가 취한 행동은 스승에게 철저히 훈련받는 것입니다. 스승에게 바짝 따라 붙은 것입니다. 그래서 한 순간도 자기의 스승을 떠나지 아니하겠다고 결정한 것입니다.

그렇다면, 왜 엘리사는 스승을 절대 떠나지 않겠다고 했을까요? 그것은 단 한 가지 이유에서였습니다. 9절에 나와 있습니다.

> 9 건너매 엘리야가 엘리사에게 이르되 나를 네게서 데려감을 당하기 전에 내가 네게 어떻게 할지를 구하라 엘리사가 이르되 당신의 성령이 하시는 역사가 갑절이나 내게 있게 하소서 하는지라

엘리사 선지자는 다른 잡다한 여러 가지 것을 구하지 않았습니다. 오직 한 가지를 구했습니다. 엘리야에게 임한 성령의 역사가 갑절이나 있기를 구했던 것입니다. 여러분, 엘리사가 엘리야를 이렇게 귀찮게 하면 엘리야가 좋을까요, 싫을까요? 엘리야는 기뻐했습니다. 그 이유는 엘리사가 자신보다 더 귀한 사역을 감당하길 원하기 때문입니다. 진정한 스승은 제자가 자기보다 더 성장하기를 바랍니다. 그래서 엘리야는 엘리사의 요구를 허락합니다.

저는 우리 교회에서 함께 공동기도제목을 가지고 기도할 때 7만 배의 영감을 구했습니다. 제가 너무 부족하고 약해서 엘리사가 이야기한 갑절만으로 부족합니다. 저는 강력한 성령의 기름부으심이 없이는 성도들을 잘 돕기 어렵기 때문에 많이 구합니다. 저는 성도들이 하나님을 더 잘 만나도록 잘 돕고 싶은 강한 열망이 있습니다.

어떤 성도와 대화하면서 이분이 자신에게 멘토가 없다고 말씀하시면서 고민하는 것을 보았습니다. '아니, 나를 앞에 두고 자신이 멘토가 없다고 말하면 나는 뭔가…' 하는 생각이 들었습니다. 하지만 대화하면서 느낀 그분의 마음은 제가 자신의 멘토가 되어주기를 바라는 마음도 있지만 한편으론 제가 힘들까봐 저를 배려하는 마음도 느껴졌습니다. '다른 성도님들도 다 그런 마음이시겠구나….' 하는 마음이 들면서 감사하고 고마운 마음이 들었습니다. 하지만 아무리 저를 배려하시더라도 제가 목사로서, 영적 스승으로서, 영적 멘토로서 도움이 필요한 순간에는 꼭 연락하는 것이 저에게 감사하는 마음이라고 일러주었습니다. 그것이 또한 제가 살아가는 기쁨이라고 말해주었습니다.

제가 성도들이 특별 기도회에 잘 참석하도록 매일 오후 4시 경에 문자를 보내고 있습니다. 그런데 어떤 분들은 답장을 하고 싶지만 그러면 제가 또 다시 답장하는 번거로움을 가질까봐 답장하지 않는 분도 계신 것 같습니다. 그래서 답장해 주시는 분도 고맙고, 답장 안 하시는 분도 고맙습니다. 사실, 제 마음은 한분 한분을 개인적으로 만나 말씀을 통해 하나님을 만나도록 돕고 위로하고 삶의 문제들을 도와드리고 싶은 마음이 가득합니다. 하지만 인간인지라 시간적이고 육체적인 한계가 있어서 그러지 못해서 제가 얼마나 답답하고 아쉬운지 모릅니다.

어떤 분들은 저에게 직접 다가오지 못하고 주변에서 맴돌다가 서운한 마음을 가지고 실망해 버리실까봐 저는 심히 걱정이 되기도 합니다. 그래서 저는 성령의 기름부으심이 7만 배가 더해야 제가 힘을 내서 더 잘 섬길 수 있기에 크게 기도합니다.

결국 엘리사는 기도한 대로 갑절의 영감을 받게 됩니다. 그래서 엘리사가 엘리야보다 더 놀라운 사역을 감당하게 됩니다. 그 백성, 그 시대, 그 나라를 감당하게 됩니다.

사랑하는 성도 여러분, 우리도 주님의 일을 위해 거룩한 열망을 가져야 합니다. 지금 이 시대의 사람들을 하나님께로 돌이키기 위해 우리 힘으로 어렵습니다. 하나님의 기름부으심, 성령의 충만을 강력하게 사모하십시오. 천국은 침노하는 자의 것이라고 마태복음 11장 12절은 말씀합니다.

> 마 11:12 세례 요한의 때부터 지금까지 천국은 침노를 당하나니 침노하는 자는 **빼앗느니라**

영적 충만을 얻을 수 있도록 하나님을 붙들고 영적 스승들에게 순종하며 그들을 붙들어야 합니다. 이것이 스승에게 감사하는 것입니다. 사도바울은 갈라디아서 6장 6절에 "가르치는 자와 모든 좋은 것을 함께 하라"고 하였습니다.

우리 교회 안에 많은 영적 스승들이 있습니다. 이들을 존경하고 순종하는 분위기가 가득할 때 교회는 영적으로 힘있게 세워질 것입니다. 그럴 때 우리의 삶이 영적으로 축복을 누리게 됩니다.

영적 스승에게 감사하는 성도가 되시길 축원합니다.

| 무소꼬마즉모사 |

1. 무조건 감사: 2011년 12월 말 조용히 교회 잘 다니고 있는데 "내년에 2일부터 다니엘세이레 하는데 우리도 신청하자"는 아내의 말에 2012년을 얼떨결에 시작하였음을 무조건 감사합니다.

2. 소리내어 감사: "매일 새벽에 가는 거야? 하루도 빠짐없이?" 하고 아내에게 물으니 하는 말, "아니, 월요일부터 금요일까지만 가면 돼" 해서, '토요일은 쉬니까 괜찮고 어차피 매일 새벽 6시30분에 출근하니까 조금 빨리 준비해서 새벽기도 하지 뭐' 하고 생각했거늘, 금요일은 새벽에도 가고, 밤에 철야예배도 가야한다는 사실을 뒤늦게 알게 되어 황금같은 금요일에 약속도 못 잡고 집으로 복귀해야 한다니… 그래도 결석 안하고 금요일 철야예배에 참석하게 하는 주님의 은혜에 소리 내어 감사합니다.

3. 꼬집어 감사: 우리 딸과 아들이 일요일만 되면 엄마, 아빠보다 더 먼저 일어나 8시 30분 부터 교회에 가려고 하는 모습이 너무 사랑스럽고 대견하며, 귀여운 딸은 아빠도 못 받는 1년 개근상까지 받게 하셔서 꼬집어 감사합니다.

4. 마음 가득 감사: 지방에서 좋은 회사를 그만두고 서울로 이사왔어도, 너무나 적응을 잘하는 아이들에게 감사하고, 성격이 좋지 못해 매사에 불평과 고집만 강한 나를 아내를 통해 인도하시어 신앙심을 더욱 강하게 하시는 주님의 역사하심에 마음 가득 감사합니다.

5. 즉시 감사: 지방에 있을 때 존경스럽던 목사님의 설교 말씀에도 그렇게도 졸았던 저에게 우리 교회 목사님의 말씀은 어찌나 가슴에 파도를 치게 하시고 주님의 은혜가 마음 가득 충만하게 하시고, 모든 말씀이 꼭 저에게 적용되는 말씀 같음에 주님께 즉시 감사합니다.

6. 모든 것에 감사: 2012년, 주님의 역사하심과 축복으로 열심히 생활하고 계획한 소망이 주님의 뜻대로 이루어지길 기도하고 있는 지금 이 순간이 너무나 감사하여 주님께 무조건 감사합니다.

7. 사람은 감감축: 남편이 무능하고 부족하여, 소심하고 사교성 없는 아내가 일을 하고 있어 미안하고 안쓰러운 마음이 가득한데, 최근 직장에서 동료들과의 관계가 심히 안좋다고 하니 걱정되지만 더욱 더 모든 사람을 향해 감사하고 감사하고 또 축복합니다.

| 적용과 연습 |

무소꼬마즉모사를 매일 연습합니다. 위의 예를 가지고 연습해도 좋고 자신의 삶에 적용할 것이 있으면 적어서 연습해도 됩니다.

1. 무조건 감사

2. 소리내어 감사

3. 꼬집어 감사

4. 마음 가득 감사

5. 즉시 감사

6. 모든 것에 감사

7. 사람은 감감축

10

직장에서 감사의 삶을 살겠습니다

| 말씀 | 골로새서 3:22-4:1

22 종들아 모든 일에 육신의 상전들에게 순종하되 사람을 기쁘게 하는 자와 같이 눈가림만 하지 말고 오직 주를 두려워하여 성실한 마음으로 하라

23 무슨 일을 하든지 마음을 다하여 주께 하듯 하고 사람에게 하듯 하지 말라

24 이는 기업의 상을 주께 받을 줄 아나니 너희는 주 그리스도를 섬기느니라

25 불의를 행하는 자는 불의의 보응을 받으리니 주는 사람을 외모로 취하심이 없느니라

4:1 상전들아 의와 공평을 종들에게 베풀지니 너희에게도 하늘에 상전이 계심을 알지어다

제가 아는 여 집사님 이야기입니다. 그 분은 40이 넘어 결혼을 해서 20년 이상 다니던 직장을 그만두게 되었습니다. 너무나도 좋은 직장이었는데 나이도 마흔이 넘은데다가 결혼까지 하게 되어 직장 상사가 월급이 많다는 이유를 들어 그만 해직 통보를 한 것입니다. 이 집사님은 오늘 말씀처럼 상사를 대할 때 온 마음을 다해 섬기던 진실한 크리스챤이었는데 결혼을 하기 바로 전에 상사가 바뀌게 되었습니다. 새로 온 상사는 나이도 어리고 월급도 적게 줄 수 있는 여직원을 원했기에 이분의 성품은 고려하지 않고 해고를 한 것입니다.

　진실함과 성실로 직장 생활을 해 왔던 터라 갑작스런 해직 통보는 적잖은 충격을 주었습니다. 게다가 가정 형편이 넉넉한 편이 아니어서 결혼 후에도 계속 직장 생활을 할 마음을 가지고 있었기 때문에 해직 통보를 받고 마음이 많이 상했습니다. 그래도 직장 상사의 결정이 하나님의 뜻이라 생각하고 그 통보를 기쁘게 받아들이고 하나님께서 또 다른 길로 인도해주시기를 바라는 마음을 가졌습니다.

　워낙 믿음이 좋은 이 집사님은 직장을 그만 두자, 시간을 내어 교회 일을 도왔습니다. 그러다가 4개월이 지나 이 분이 워낙 열심히 봉사를 하는 모습을 보고 그 교회 부목사님께서 이 분에게 이전보다 더 좋은 직장을 추천해 주었습니다. 이 분은 교회 봉사하는 것에 지장이 되지 않는 직장을, 가장 좋은 때에 주십사 기도하고 있었는데 하나님께서 이 분의 기도 제목대로 직장을 예비해 놓으신 것입니다.

본문 22절에서 바울은 '종들아'라고 부르고 있습니다. 바울 시대 당시 종은 어떤 사람일까요? 그 시대 종은 노예입니다. 이들은 월급은 고사하고 겨우 먹고 살 것만 제공 받았으며 주인의 기분에 따라 죽고 사는 목숨이었습니다. 하지만 초대 교회에서는 교회 나오는 대부분의 성도들이 종이었습니다. 이런 사람들에게 성경의 기본 가치인 '인권 회복'을 주장한 것이 아니라 종으로서 최선을 다하라고 말씀합니다.

하나님은 그들에게 직장 생활을 어떻게 하라고 명하셨으며, 우리는 어떻게 적용해야 합니까? 직장이란 무엇인가요? 우리의 일터입니다. 학생의 일터는 학교, 학생은 공부가 일입니다. 가정주부의 일터는 가정, 가사노동이 일입니다. 직장인은 회사가 일터입니다. 다양한 일들이 있습니다.

본문은 직장에서 어떻게 해야 할지 가르쳐주십니다.

첫째, '주께 하듯 하라' 말씀하십니다.

22절에 '모든 일에'라고 말씀합니다. 내가 하고 싶은 일만 순종하는 것이 아니라 '모든 일'에 육신의 상전들에게 순종하라고 했습니다. 순종해서 일할 때 지켜야 할 자세를 가리켜 22절에 '사람을 기쁘게 하는 자와 같이 눈가림만 하지 말라'고 했습니다.

사실 '눈가림'이라는 것이야말로 대부분의 인간관계에서 가장 흔하게 벌어지고 있는 일입니다. 눈가림이 무엇입니까? 그저 상사에게 야단맞지 않을 정도로 적당히 하는 것입니다. 만약 그 이상 진짜로 철저히 한다면 이것은 천하에 둘도 없는 바보요 어리석은 자라고 생각하는 것 입니다. 오늘날 사회에서도 그렇다면, 옛날 종이나 노예 되었던 사람들에게는 더욱 그러하지 않았겠습니까? 그들이야말로 정말 '눈가림'만 해서 안 될 이유가 도대체 무엇입니까? 주인이 보지 않는 데서 더 열심히 일한다고 월급을 받는 것도 아니고 자기에게 자유를 줄 것도 아닙니다. 어차피 평생 주인의 손에서 살고 죽는 노예인데, 도대체 무슨 이유로 목숨 바쳐 충성해야 하겠습니까? 성경 말씀은 뜻밖의 이유를 설명해 주고 있습니다.

23절에 "오직 주를 두려워하여 성실한 마음으로 하라 무슨 일을 하든지 마음을 다하여 주께 하듯 하고 사람에게 하듯 하지 말라"는 말씀입니다.

우리가 직장에서 사람의 눈을 속이고 꾀를 부리고 남을 속이려 하면, 그것은 주인이나 고객의 눈만 속이는 것이 아니라 사실은 주님의 눈을 속이는 것과 같다는 말씀입니다. 참된 신자라면 어디에서나 주님을 두려워하며 살아야 하듯이, 직장에서도 늘 주님의 눈을 의식하면서 깨끗한 양심과 성실한 마음으로 일하라는 것입니다. 매사를 주께 하듯 순종하는 성도가 되시길 축원합니다.

둘째, 하나님의 축복하시는 보상이 있다고 말씀하십니다.

우리가 직장에서 인간관계를 할 때 사람을 의식하는 것이 아니라 하나님을 의식한다는 것입니다. 그때 하나님이 주시는 복을 받는다는 것입니다. 지금 남의 밑에서 종살이 하는 노예들에게 말씀합니다.

24, 25절의 말씀은 '너희들이 지금 그 육신의 상전을 마치 주님께 하듯 성실한 양심으로 섬기면 그 보답은 바로 주님께로부터 직접 받게 될 것이다.'라고 하신 것입니다.

> 골 3:24-25 이는 기업의 상을 주께 받을 줄 아나니 너희는 주 그리스도를 섬기느니라 불의를 행하는 자는 불의의 보응을 받으리니 주는 사람을 외모로 취하심이 없느니라

반면에 직장생활에서 불의를 행하면 25절에 그에 대한 보응 역시 '외모로 사람을 취하심이 없고 항상 그 중심을 보고 판단하시는 하나님'으로부터 그 불의에 합당한 보응을 받게 될 것이라고 하셨습니다. 왜냐하면 그런 직장생활 역시 궁극적으로는 그 육신의 상전을 섬기는 것이 아니라 바로 '주 그리스도를 섬기는 것'이기 때문입니다.

그러면 주님이 주시는 축복의 상이 무엇일까요? 제가 생각해 볼 때 이런 축복들은 하나님이 이루실 것이라고 생각됩니다.

- 나의 건강과 가족의 건강을 지켜주십니다.
- 가정에서 더 화목하고 평화스러운 관계를 주십니다.
- 교회 안에서 봉사할 때 영적 축복을 충만히 주십니다.
- 하나님의 인정과 칭찬을 받습니다.
- 직장에서 승진하게 되고, 사업의 수익이 증대하는 등 물질의 축복도 받습니다.
- 사람들의 존경과 사랑뿐 아니라 천국에서 하나님의 상급을 받게

됩니다.

우리가 정말 그리스도께 하듯 사장을 위해 일하고 그리스도를 영접하듯이 고객을 맞이한다면 직장생활에 축복이 넘치지 않을 리가 없습니다. 불신자들의 사업 구호에도 '고객은 왕이다'라고 하지 않습니까? 고객을 왕처럼만 대해도 좋은 결과가 나타날 것입니다. 그런데 고객을 주님 대하듯 대한다면 그 결과가 어떻게 될지는 가히 상상할 수 없습니다.

거래처와의 관계에 있어서는 '신용'이 생명입니다. 물품 납입계약이나 대금지불약속 등은 꼭 지켜야 합니다. 거래처 사람들을 주님을 대하듯이 신실하게 대하고 약속을 주님께 지키듯이 철저히 지키면서 회사와 공장을 운영한다면 주님께서 '축복의 상'을 쏟아 부어 주십니다. 주님 앞에서 성실함으로써, 상급받는 성도들이 되시기를 축원합니다.

셋째, 상전들은 의와 공평을 베풀어야 합니다.

본문 골로새서 4장 1절 말씀에 "상전들아 의와 공평을 종들에게 베풀찌니 너희에게도 하늘에 상전이 계심을 알찌어다"라고 했습니다.

사도 바울은 당시의 사회 구조 자체를 변화시킬 의도는 전혀 없었던 것이 분명합니다. 물론 노예 제도가 잘못된 것이지만, 신자의 참된 의무는 이 세상의 모순된 사회제도 자체를 개조시켜 완벽한 유토피아로 만드는 것이 아닙니다. 악한 세상 속에서도 천국 소망을 보여주는 빛이 되고 천국 행복의 맛을 내어 주는 소금이 되는 것에 있기 때문입니다. 그런 점에서 볼 때, 그 당시 신자로서 세상의 상전이 된 자들이 할 수 있는 가장 현실적인 최선은 바로 '의와 공평'을 종들에게 베푸는 일이었던 것입니다. '의와 공평'이란, 사람들 중에서도 자유민, 로마 시민 등에게만 적용될 수 있는 고차원의 개념이었습니다. 그런데 이것을 자기가 부리는 노예에게 적용한다는 것은 말도 안 될 소리였습니다.

하지만 오직 신자된 상전들만은 그것을 할 수 있었습니다. 왜냐하면 그들도 역시 '하늘에 상전'이 계심을 알고 있었기 때문이었습니다. 이 '하늘의 상전'이신 하나님께서 원래는 '의나 공평'으로 대접받을 대상이 못되었던 죄인된 자신들을 그처럼 선하게 대해 주신 은혜를 먼저 체험하고 있었기 때문입니다. 그러므로 그 신자 상전들은 자기의 종들에게도 그처럼 대해 줄 수 있었습니다.

어떤 집사님이 외국 기업의 연구소 소장이 되었습니다. 그런데 어느 날 비서의 눈치가 이상한 것입니다. 평상시 굉장히 유능하고 밝은 사람이었는데 무슨 일이 있었는지 하루 종일 이 집사님께 짜증을 부리는 것이었습니다. 순간 이 집사님도 짜증이 났지만 마음으로 감사하기 시작했습니다.

"유능한 비서를 만나서 감사합니다. 비록 그 비서가 지금 나에게 짜증을 내고 있지만 그래도 감사합니다."

비서가 집사님을 힘들게 하는 부분을 꼬집어 감사하자 마음이 서서히 안정되기 시작했습니다. 마음이 차분해지면서 갑자기 비서의 신상카드를 봐야겠다는 생각이 들었습니다. 그래서 보니까 다음 날이 비서의 생일이었습니다. 당시 그 연구소에서는 상사들이 자신의 비서 생일날에 꽃다발을 주는 문화가 있었습니다. 꽃다발을 받는 것은 자신의 상사로부터 인정받는다는 것을 의미했고, 그래서 꽃을 받은 비서는 하루 종일 그 일을 자랑하며 다니곤 했던 것입니다. 그런데 자신은 열심히 일했는데도 자신의 상사가 일에만 몰두한 채 자신의 생일은 염두에도 두지 않자 비서의 마음이 불편했던 것입니다. 자신이 상사에게 인정받지 못한 비서구나 생각하니 화가 날 수밖에요.

이 집사님은 즉시 꽃집에 전화를 걸어 큰 꽃다발 하나를 주문하여 내일 배달해 달라고 부탁했습니다. 다음 날, 꽃다발을 받은 비서는 감동받고 사방팔방 다니며 집사님에 대한 칭찬을 하느라 바빴습니다. 만약 집사님이 감사하지 않고 같이 짜증을 내고 화를 냈다면 관계는 악화되었을 것이고 함께 일하는 팀웍에도 문제가 생겼을 것입니다. 하지만 감사함으로 마음을 정리하니까 문제가 보이고 해결책도 보인 것입니다(강충원의 "감사진법" 참조).

여기서 우리는 공통점을 발견하게 됩니다. 그것은 상전이든지 종이든지 양쪽 다 자기의 진짜 주인은 꼭 같은 한 분이라는 사실을 깨닫고 살아야 한다는 사실입니다. 과연 내가 모시고 살고 있는 단 한 분의 주인은 누구입니까? 사원은 사장이 아니라 오직 예수님만이 자기의 주인 되심을 고백할 수 있어야 합니다. 사장은 자신이 아니라 예수님이 자기의 진짜 주인 되심을 인정하고 섬길 줄 알아야 합니다.

성도 여러분, 직장 생활을 비정한 곳, 지겹고 짜증나는 곳, 살아남기 위해서 살벌하게 경쟁하며, 잘 속이는 사람만이 살아남는 곳이라고 생각한다면 부정적인 사고입니다. 직장이야 말로 주님을 가장 자주, 가장 가까이 만나는 곳이기 때문입니다. 우리의 직장은 예수님이 바로 곁에서 보고 계시는 줄 알고 선한 양심을 발휘해야 하는 곳이며, 주님께서 주시는 금세와 내세의 상급을 받아 누리는 곳입니다.

무슨 일을 하든지 사람에게 하듯 하지 말고 주께 하듯 하는 여러분 되시길 축원합니다.

| 무소꼬마즉모사 |

1. 무조건 감사: 지난밤 딸이 고열에 시달렸지만 별일 없이 아침을 맞게 해 주셔서 무조건 감사합니다.

2. 소리내어 감사: 아픈 딸 때문에 무시로 기도하게 하시는 주님께 소리내어 감사합니다.

3. 꼬집어 감사: 딸의 열이 더 높아지지 않은 것에 꼬집어 감사합니다.

4. 마음 가득 감사: 아픈 아이를 놔두고 어떻게 해야 하나 고민될 때, 새벽예배에 나올 수 있게 도움을 준 남편에게 마음 가득 감사합니다.

5. 즉시 감사: 예전 같으면 감사하지 못할 상황에서도 주님의 도우심을 바라며 감사를 찾게 하신 주님께 즉시 감사합니다.

6. 모든 것에 감사: 마음 졸이며 아이를 지켜보느라 한숨도 자지 못했지만, 교회로 발걸음을 인도해 주신 주님께 모든 것을 감사합니다.

7. 사람은 감감축: 밤새 잘 견디어준 딸 아이와 옆에서 함께 지켜준 남편과 다른 날보다 일찍 일어나 동생을 염려하고 걱정해 준 아들에게 감사하고 감사하며 하나님의 크신 사랑으로 축복합니다.

| 적용과 연습 |

무소꼬마즉모사를 매일 연습합니다. 위의 예를 가지고 연습해도 좋고 자신의 삶에 적용할 것이 있으면 적어서 연습해도 됩니다.

1. 무조건 감사

2. 소리내어 감사

3. 꼬집어 감사

4. 마음 가득 감사

5. 즉시 감사

6. 모든 것에 감사

7. 사람은 감감축

바울의 감사를 본받겠습니다

| 말씀 | **빌립보서 1:3-11**

3 내가 너희를 생각할 때마다 나의 하나님께 감사하며
4 간구할 때마다 너희 무리를 위하여 기쁨으로 항상 간구함은
5 너희가 첫날부터 이제까지 복음을 위한 일에 참여하고 있기 때문이라
6 너희 안에서 착한 일을 시작하신 이가 그리스도 예수의 날까지 이루실 줄을 우리는 확신하노라
7 내가 너희 무리를 위하여 이와 같이 생각하는 것이 마땅하니 이는 너희가 내 마음에 있음이며 나의 매임과 복음을 변명함과 확정함에 너희가 다 나와 함께 은혜에 참여한 자가 됨이라
8 내가 예수 그리스도의 심장으로 너희 무리를 얼마나 사모하는지 하나님이 내 증인이시니라
9 내가 기도하노라 너희 사랑을 지식과 모든 총명으로 점점 더 풍성하게 하사
10 너희로 지극히 선한 것을 분별하며 또 진실하여 허물 없이 그리스도의 날까지 이르고
11 예수 그리스도로 말미암아 의의 열매가 가득하여 하나님의 영광과 찬송이 되기를 원하노라

A.D. 62년 경, 사도 바울은 복음을 전파한다는 이유로 늙은 나이에 로마의 감옥에 구금되었습니다. 그는 이 감옥 안에서 빌립보 교회의 교인들에게 애정 어린 편지를 썼습니다. 빌립보 교회는 바울이 두 번째 전도여행을 하던 중에 빌립보에서 자주장사 루디아를 만나 시작한 유럽 최초의 교회입니다. 바울은 처음부터 이 빌립보 교회를 각별히 사랑했으며, 빌립보를 떠난 후에도 줄곧 친밀한 사랑의 관계를 유지하고 있었습니다.

그러던 중, 예루살렘에서 복음을 증거하던 바울이 유대인의 고소를 당하여 수년의 옥살이 끝에 로마로 넘겨지게 되었습니다. 이 소식을 들은 빌립보 교회는 즉시 에바브로디도를 보내어 바울을 위로하고 시중들게 했을 뿐 아니라, 가난한 중에 정성스럽게 모금한 헌금을 보내주었습니다. 빌립보 교회의 진실하고도 행동이 있는 뜨거운 사랑에 바울은 감동하였습니다. 그래서 사랑과 감사의 마음을 담은 빌립보서를 기록하게 됩니다. 그리고 옥중 생활이 사람들의 염려처럼 절망적인 것이 아니라, 오히려 복음 전파의 기회를 가져오게 만든 하나님의 놀라운 섭리였다는 점을 간증합니다.

빌립보서는 이처럼 빌립보 교회와의 사랑의 교제에서 비롯된 편지이기에 바울의 다른 서신서에 비해 한결 애정이 넘치고 있습니다. 이 편지에 기록된 사랑을 보면 가슴이 뜨겁습니다.

① 빌립보 성도들이 옥중에 있는 자신들의 영적 스승을 향한 감사

의 마음과 염려가 표현됩니다.

② 감옥에 갇혀있으면서도 오히려 감옥 밖에 있는 성도들의 마음이 상할까봐 그들에게 감사하고 격려하는 바울의 사랑이 있습니다.

③ 그들의 관계 속에 강한 그리스도의 사랑과 믿음을 보면서 감사하게 됩니다.

저는 본문을 읽으면서 가슴 뭉클함을 느꼈습니다.

참으로 바울이 성도들을 사랑하고 있구나! 그리고 성도들도 바울을 참으로 사랑하며 존경하고 따르고 있구나!

그들 사이에는 서로를 향한 감사함이 있었습니다. 특히 본문에서 바울의 감사가 소개되고 있습니다. 바울은 이것을 5절에서 '복음을 위한 일에 참여하고 있기 때문이라'라고 표현하고 있습니다. 개역한글성경에서는 '복음에서 너희가 교제함을 인함이라'고 기록하고 있습니다.

빌립보 교인들은 '첫날부터 이제까지' 예수님의 사랑으로 복음 안에서, 복음 때문에 서로 감사하며 삶을 함께 나누었던 것입니다. 그들은 인간적인 사랑, 인간적인 정을 나눈 것이 아닙니다. 하나님의 아가페 사랑, 예수님의 십자가 사랑, 인류구원을 위해 복음으로 하나 된 사랑을 나눈 것입니다. 그들 속에 예수가 있었습니다. 그들은 예수님 때문에 서로 한 목표, 한 비전을 바라보았고, 그 비전을 이루기 위해 울고 웃으며 사명을 위해 생애를 바쳤습니다. 성도들 서로의 관계가 복음

안에서 사랑이 넘치는 관계였고, 바울과의 관계 역시 그러했습니다. 빌립보 교회는 바울이 어디에 있든지 바울의 동역자였고 후원자였습니다. 그래서 바울은 그들을 생각할 때마다 하나님께 감사하며, 기도할 때마다 빌립보 교회를 위하여 감사하며 기도합니다. 그들을 바라볼 때 확신이 있습니다.

> 6 너희 속에 착한 일을 시작하신 이가 그리스도 예수의 날까지 이루실 줄을 우리는 확신하노라

하나님이 시작하신 '착한 일'이란 무엇일까요? 그것은 구원이며 하나님과의 회복이고 인간에 대한 창조의 회복입니다. 타락함으로 사람은 하나님의 형상을 잃어버렸습니다. 즉 영적 생명을 잃어버린 인간에게 다시 그 생명이 회복되게 하는 것입니다. 우리의 삶 전체의 회복, 우리 전인의 회복 -관계회복, 경제회복, 세상통치 회복, 영의 회복-을 하나님께서 우리를 구원하심으로 시작하신 것입니다. 그리고 인류를 구원하기를 원하시고 계십니다. 바울은 하나님의 '착한 일'이 하나님의 열심으로 인해 완성될 것을 확신하고 있습니다. 빌립보교회가 이미 바울과 함께 같은 마음으로, 같은 은혜에 거하고 있습니다.

8절은 빌립보 교회를 향한 바울의 사랑을 절절히 표현하고 있습니다.

> 8 내가 예수 그리스도의 심장으로 너희 무리를 얼마나 사모하는지 하나님이 내 증인이시니라

바울이 빌립보 교회를 향해 가지고 있는 마음은 8절에서 절정에 이르고 있습니다. 바울은 자신의 모든 것을 다 바쳐 그들을 사랑한다고 고백합니다. 예수 그리스도의 뜨거운 피가 가득한 진실한 심장으로 빌립보 교회를 열정적으로 사모한다고 말하고 있습니다. 이 얼마나 영혼을 담은 강한 사랑의 고백입니까? 빌립보 교회를 향한 바울의 진실한 사랑에 대해 하나님이 자기의 증인이시라고 말합니다.

바울은 빌립보 교회를 위해 기도합니다.

첫째, 지식이 있는 사랑을 갖기를 기도합니다.

> 9 내가 기도하노라 너희 사랑을 지식과 모든 총명으로 점점 더 풍성하게 하사

그들의 사랑이 지식과 모든 총명으로 점점 더 풍성할 것을 기도하였습니다. 지식이 없는 사랑은 남을 유익하게 하지 못하고 도리어 해롭게 하며 오히려 불안하게 합니다. 맹목적인 사랑이 자녀를 그르치듯, 지식 없는 사랑은 성도나 교회를 잘못 인도합니다. 그래서 바른 지식으로 건강하고도 바른 사랑을 해야 합니다.

둘째, 분별력 있는 진실한 삶을 살기를 기도합니다.

> 10 너희로 지극히 선한 것을 분별하며 또 진실하여 허물 없이 그리스도의 날까지 이르고

분별력은 선과 악을 분별하는 능력입니다. 우리는 하나님을 멀리

하도록 유혹하는 악과 게으름, 성적 해방을 일으키는 문화적 욕망에서 벗어날 수 있도록 분별력이 필요합니다. 우리가 누구와 관계를 맺어야 합니까? 선을 추구하는 사람과 악을 추구하는 사람을 분별할 줄 알아야 합니다.

셋째, 예수로 말미암아 의의 열매 가득하기를 기도합니다.

11 예수 그리스도로 말미암아 의의 열매가 가득하여 하나님의 영광과 찬송이 되기를 원하노라

내 삶의 열매, 사역의 열매, 직업의 열매, 지식의 열매를 갖기를 기도합니다. 열매는 하나님과의 바른 관계에서 나타나는 성령의 열매입니다. 예수로 말미암아 성령이 충만하여 사랑, 희락, 화평, 오래참음, 자비, 양선, 충성, 온유, 절제, 이런 열매가 삶 속에서 맺어지는 것입니다. 수고만 많이 하고 열매가 없으면 삶이 얼마나 허무합니까?

저는 빌립보 교회를 향한 바울의 고백을 보면서 저 역시 우리 교회와 성도를 향해 같은 마음을 가지게 됩니다. 바울에게 빌립보 교회는 자랑입니다. 빌립보 교회에게 바울은 자랑입니다. 저 역시 우리교회가 저의 자랑입니다. 그리고 모든 성도에게 제가 자랑이 되기를 소원합니다. 예수님 때문에 우리는 이런 관계를 가집니다.

성도 여러분, 제가 우리교회를 생각할 때마다 느끼는 것은 감동과 감사입니다. 목회의 고비마다 하나님과 복음 때문에 저와 함께 마음

과 뜻을 모아주고 함께 해 준 성도들께 감사합니다. 시간이 갈수록 더욱 하나님께 나아가는 성도의 믿음을 볼 때 점점 더 아름답고 든든하게 느껴졌습니다. 예수 때문에 살고, 예수 때문에 죽고자 하는 성숙한 믿음의 사람들이 점점 더 많아지는 것이 감사합니다. 그저 예수님 때문에 헌신하는 서로를 보며 기뻐하는 모습이 가득합니다. 다니엘 세이레기도회를 하면서 이렇게 많은 성도님들이 새벽을 깨우고 나와 주시니 또 고맙고 감사합니다. 가정을 돌보고, 직장생활로 분주하고, 학생들은 학업으로 피곤하고 지친 몸일 텐데, 그래도 하나님을 바라보고 믿음으로 살려고 몸부림치는 모습에 감동이 밀려옵니다.

바울이 빌립보 교회를 바라보고 감사한 마음이 바울만의 마음일까요? 하나님도 동일한 마음이 아닐까 생각해봅니다. 하나님도 우리를 보시며 고맙고 감사한 마음이 들 것입니다. 우리 한 사람 한 사람에게 말씀하시는 하나님의 음성을 들으시기 바랍니다.

"이 새벽에 피곤한 몸을 일으켜 나와 교제하려고 이 자리에 나와 주니 고맙구나. 네 존재만으로도 나는 너무 기쁘고 사랑스러운데, 네가 이렇게 순종하려고 몸부림치는 모습을 보니 너무 사랑스럽구나. 나의 축복을 받으라."

날마다 우리를 향해 고마워하시고 기뻐하시는 하나님의 마음이 느껴집니다. 하나님이 우리 모두를, 우리 교회를 축복하실 것입니다. 하나님, 감사합니다.

| 감사일기 |

1. 새가족부에서 어제 저녁 교역자들에게 식사를 대접했습니다. 새가족들을 사랑과 정성으로 섬기고 돌봐주는 것도 감사한데, 교역자들까지 섬겨주니 감사합니다.

2. 뛰어난 재치와 유머감각으로 식사자리를 더 즐겁게 해주시는 분이 계셔서 더욱 감사합니다.

3. 어제 아침부터 밤 늦게까지 많은 할 일이 있었지만 하나도 소홀히 하지 않고 모두 잘 감당하게 해주셔서 감사합니다.

4. 조금씩 감사의 습관이 몸에 배는 성도들의 소식을 들으니 감사합니다.

5. 2012년 한해를 감사로 시작하게 하시니 감사합니다.

| 적용과 연습 |

무소꼬마즉모사를 매일 연습합니다. 위의 예를 가지고 연습해도 좋고 자신의 삶에 적용할 것이 있으면 적어서 연습해도 됩니다.

1. 무조건 감사

2. 소리내어 감사

3. 꼬집어 감사

4. 마음 가득 감사

5. 즉시 감사

6. 모든 것에 감사

7. 사람은 감감축

12

욥의 감사를 본받겠습니다

| 말씀 | 욥기 1:13-22

13 하루는 욥의 자녀들이 그 맏아들의 집에서 음식을 먹으며 포도주를 마실 때에
14 사환이 욥에게 와서 아뢰되 소는 밭을 갈고 나귀는 그 곁에서 풀을 먹는데
15 스바 사람이 갑자기 이르러 그것들을 빼앗고 칼로 종들을 죽였나이다 나만 홀로 피하였으므로 주인께 아뢰러 왔나이다
16 그가 아직 말하는 동안에 또 한 사람이 와서 아뢰되 하나님의 불이 하늘에서 떨어져서 양과 종들을 살라 버렸나이다 나만 홀로 피하였으므로 주인께 아뢰러 왔나이다
17 그가 아직 말하는 동안에 또 한 사람이 와서 아뢰되 갈대아 사람이 세 무리를 지어 갑자기 낙타에게 달려들어 그것을 빼앗으며 칼로 종들을 죽였나이다 나만 홀로 피하였으므로 주인께 아뢰러 왔나이다
18 그가 아직 말하는 동안에 또 한 사람이 와서 아뢰되 주인의 자녀들이 그들의 맏아들의 집에서 음식을 먹으며 포도주를 마시는데
19 거친 들에서 큰 바람이 와서 집 네 모퉁이를 치매 그 청년들 위에 무너지므로 그들이 죽었나이다 나만 홀로 피하였으므로 주인께 아뢰러 왔나이다 한지라
20 욥이 일어나 겉옷을 찢고 머리털을 밀고 땅에 엎드려 예배하며
21 이르되 내가 모태에서 알몸으로 나왔사온즉 또한 알몸이 그리로 돌아가올지라 주신 이도 여호와시요 거두신 이도 여호와시오니 여호와의 이름이 찬송을 받으실지니이다 하고
22 이 모든 일에 욥이 범죄하지 아니하고 하나님을 향하여 원망하지 아니하니라

찬송기 413장 '내 평생에 가는 길'의 가사를 지은 스패포드는 현대판 욥이라고 불리웁니다. 그는 시카고의 성공한 변호사였습니다. 또 시카고 의대 교수요 신학교 이사 및 운영위원이었습니다. 또한 그는 세계적인 전도자인 무디와 아주 친한 친구로 무디 교회의 회계집사로 섬기고 있었습니다.

그런데 1871년 시카고 대화재에서 그는 전 재산을 잃고 말았습니다. 이 재난 직전에는 그의 아들도 잃었습니다. 엄청난 시련 앞에서 스패포드와 그의 가족은 휴식이 절대적으로 필요했습니다. 그래서 1873년, 그는 아내와 네 딸과 함께 유럽여행을 가기로 계획했습니다. 영국에 있는 동안 스패포드는 친구 무디의 전도여행을 돕고 싶었습니다. 그래서 스패포드는 유럽여행에 가족들을 먼저 보내고 자신은 며칠 뒤에 따라가기로 합니다. 그래서 아내와 네 딸을 먼저 배에 태웠습니다.

1873년 11월 15일, 스패포드의 아내와 네 딸을 비롯해 많은 승객을 태운 프랑스 여객선은 뉴욕항을 출발하여 순항하는 듯 했습니다. 그런데 모두가 깊이 잠든 22일 새벽2시, 그 배는 대서양 한가운데서 영국 철갑선 '라키언' 호와 정면으로 충돌하고 말았습니다. 배는 226명을 태우고 바닷속으로 가라앉았습니다. 그 와중에 스패포드의 딸들은 모두 배 안에 갇혀 물에 빠지고 부인만 물 위에 떠올라 구명정에 의해 구조되었습니다. 9일 후 다른 생존자들과 함께 웨일즈에 도착한 스패포드의 부인은 '혼자만 구조됨'이라는 짤막한 전문을 남편에게 보냈습니다.

여러분, 이 상황에서 그 부인의 비통함이 어떠하겠습니까?

이 소식을 전해 받은 스패포드 역시 앞이 캄캄했습니다. 그러나 사랑하는 딸들을 잃고 정신없이 헤맬 부인이 걱정되어 부인을 데리러가기 위해 배에 올랐습니다. 배에 탄 후, 선장과 함께 이야기를 나누던 중, 선장은 스패포드에게 다음과 같이 말했습니다.

'조금 있으면 딸들이 잠긴 물위를 지나게 될 것입니다.'

그때까지 애써 마음을 다스리려고 노력하던 스패포드의 마음에 커다란 파도가 일어나기 시작했습니다. 그는 도저히 그 자리에 더 있을 수 없어서 선실로 돌아와 견딜 수 없는 아픔과 흐르는 눈물로 밤이 새도록 하나님께 울부짖었습니다. 그는 방에 틀어박혀 식사를 하러 나오지도 않았습니다. 주변 사람들은 그가 혹시라도 믿음을 버리고 실족할까봐 걱정했습니다.

그런데 어찌된 일일까요? 절망하며 기도하던 스패포드에게 갑자기 놀라운 주님의 현존이 임하며 아직까지 체험해 보지 못한 평안이 마음에 깃들었습니다. 모든 고난과 절망을 바꾸시는 주님의 강렬한 임재와 세상을 초월한 마음의 평화를 얻게 되었습니다. 그리고 아침이 되자 스패포드는 주님이 주신 영감으로 시를 써내려갔습니다.

그 시가 바로 찬송가 413장 '내 영혼 평안해'였습니다.

내 평생에 가는 길 순탄하여 늘 잔잔한 강 같든지
큰 풍파로 무섭고 어렵든지 나의 영혼은 늘 편하다
내 영혼 평안해 내영혼 내영혼 평안해

저 마귀는 우리를 삼키려고 입 벌리고 달려와도
주 예수는 우리의 대장 되니 끝내 싸워서 이기겠네
내 영혼 평안해 내영혼 내영혼 평안해

이 찬송은 그가 하나님의 영광을 경험하고 쓴 시입니다. 가장 깊은 고난을 믿음으로 통과한 사람들만이 드릴 수 있는 가장 깊은 감사의 기도입니다 (전광의 "평생감사"참조).

우리의 인생에 모든 것이 잘 될 때 감사를 느끼는 것은 어려운 일이 아닙니다. 하지만 일이 잘 되지 않을 때, 혹은 고난 가운데서 감사를 드린다는 것은 아주 어려운 일입니다. 이 부분에 대해 가장 좋은 예를 보여주는 것이 바로 욥입니다. 하나님은 욥을 아주 기뻐하셨습니다. 하나님은 욥에게 깊은 관심을 가지고 지켜보았습니다. 그를 사랑하시고 대견해하시며, 귀하게 보시고 자랑스러워하시는 것입니다. 그래서 세상을 두루 돌아다니다가 온 사탄에게 말씀하십니다.

"네가 내 종 욥을 주의하여 보았느냐?"

천사에게 뿐 아니라 사탄에게까지 자랑합니다. 하나님은 욥을 믿었고, 욥으로 인하여 큰 기쁨을 얻으셨습니다. 그래서 하나님은 기쁨에 넘쳐 "욥은 온전하고 정직하여 하나님을 경외하며 악에서 떠난 자"라고 자랑하십니다. 온전하다는 것은 어떤 면에도 결함이 없다는 뜻입니다. 신앙적으로, 도덕적으로 의롭게 살려고 힘쓰는 사람이 욥입니다.

욥은 하나님을 경외하였습니다. '경외'란 하나님께 대한 인간의 자세입니다. 늘 하나님을 의식합니다. 하나님을 닮으려 합니다. 매사에 하나님을 의지하려 합니다. 인생 전체가 하나님 앞에서 살아가는 삶입니다. 사람에게 집착하지 않고, 물질과 돈의 노예가 되지 않고, 세상에 끌려가지 않고, 언제나 하나님 앞에서 사는 것입니다.

이렇게 욥은 자신에 대해 때 묻지 않은 온전함을 가졌습니다. 또한 다른 사람에 대해서도 겉과 속이 일치되는 정직함을 가졌습니다. 하나님께도 중심으로 경외하는 마음을 가지고 있었습니다.

하나님은 욥과 같은 사람이 없다고 기뻐하시며 자랑하셨습니다. 그러나 사탄은 욥이 병들고 가난해지면 하나님을 더 이상 섬기지 않을 것이라고 말합니다. 풍요할 때 느끼는 자동적인 감사는 '진짜'가 아니라는 이야기입니다. 그러니 욥이 가진 모든 소유물을 건드리면 틀림없이 하나님을 욕할 것이라는 것입니다. 그래서 하나님은 사탄에게 욥의 소유물을 다 맡기십니다. 그러자 사탄은 욥이 가진 모든 것을 빼앗기 시작합니다.

13절을 보십시오.

> 13 하루는 욥의 자녀들이 그 맏아들의 집에서 음식을 먹으며 포도주를 마실 때에

'하루는'이라고 말씀합니다. 예기치 못했던 어느 날, 정말 무서운 사건이 일어났습니다. 욥의 운명이 하루 아침에 뒤바뀌었습니다. 그 날에 그처럼 기막힌 일이 생길 것이라고 욥이 꿈엔들 알았겠습니까? 그날은 그의 자녀들이 맏형의 집에 모여 잔치하며 먹고 마시는 날이었습니다. 너무 행복한 시간이었습니다.

그러나 그 순간부터 무서운 일들이 줄을 이어 터집니다. 갑자기 스바 사람이 나타나서 나귀와 소를 빼앗고 종들을 죽였습니다. 하늘에서 불이 내려와 양떼와 종을 살라 버렸습니다. 갈대아 사람이 세 떼를 지어 갑자기 약대에게 달려들어 모두 빼앗고 칼로 종을 죽였습니다. 욥의 자녀들이 모여 잔치하던 집에 거친 들의 대풍이 몰려와 네 모퉁이 기둥을 치므로 집이 무너져서 욥의 자녀들이 다 죽고 말았습니다. 얼마나 끔찍한 비극입니까? 이 모든 일이 하루에 갑자기 일어

났습니다.

2장 8절은 욥의 몸에 병까지 났다고 말하고 있습니다. 멀쩡하던 그의 몸에 갑자기 참을 수 없이 가려운 피부병이 생겼습니다. 게다가 믿었던 아내마저도 하나님을 욕하고 죽어버리라고 저주하며 욥을 버리고 도망갔습니다.

여러분, 이 세상의 삶을 진지하게 생각해봅시다. 우리가 살고 있는 이 세상에 누군들 고통 없이 살 수 있겠습니까? 이 땅에서 고통을 면제받고 살 수 있는 사람은 하나도 없습니다. 문제는 우리가 고난을 예측할 수 없다는 것입니다. 이것이 우리를 당황스럽게 만듭니다. 언제 어디서 그 흉한 모습을 드러낼지 모르는 것이 고난입니다. 고난이 갖는 이 예측불허성을 우리는 욥의 생애를 통해서 생생하게 실감할 수 있습니다. 고난은 갑자기 다가옵니다. 더 우리를 힘들게 하는 것은, 어려운 일들이 연속적으로 발생하는 경우가 많다는 것입니다.

욥은 전혀 예측하지 못한 일, 엄청난 재앙을 만났습니다. 그러나 욥은 마음을 추스리며 정신을 잃어버리지 않았습니다. 그리고 자신의 위치를 빨리 찾아갔습니다. 하나님은 주인이요, 욥은 종입니다. 욥은 자신이 아무것도 주장할 수 없는 노예임을 고백합니다. 그는 빨리 자신이 서야 할 자리를 찾았습니다. 모든 것을 하나님이 주셨습니다. 하나님이 주셔서 그동안 누리게 했습니다. 동방의 제일 가는 부자로 살았습니다. 그동안 행복하게 살아왔습니다.

이제 하나님이 다시 가져가시고 나는 알몸으로 돌아왔으니 어찌 하나님을 원망할 수 있겠습니까? 원래부터 내 것이 아니었습니다. 잠시 하나님의 은혜로 누리고 있었던 것뿐입니다. 그래서 욥은 하나님을 원망하지 않았습니다.

여러분, 우리가 고난당할 때 왜 화가 날까요? 왜 절망할까요? 나는 고난당할 사람이 아니라고 생각하는 것입니다. 나는 늘 행복하게 살 것이라고 착각합니다. 하나님이 한번 무엇을 주시면 영원히 그것을 내 것으로 믿고 지키며 가지고 싶어합니다. 그런데 그것을 빼앗기는 것이 고난입니다.

말씀의 적용을 위해 부끄럽지만 제 고백을 하겠습니다. 어떤 성도가 부득이한 이유로 교회를 옮겨야 한다고 이야기합니다. 그때 제 마음이 철렁합니다. 그 사람을 걱정하는 마음도 있지만 저를 걱정하는 마음이 더 크기 때문입니다.

'내가 목회를 잘 하지 못해서, 내가 설교를 잘 하지 못해서, 우리 교회가 좋은 교회가 아니라서 떠난다고 하는 거면 어떡하나? 그래서 다른 교인들이 영향 받으면 어떡하나? 그러다 교회가 망하면 어떡하나? 그러면 나는 어떻게 되나? 내가 지금까지 이루어놓은 명성, 위치, 명예가 다 날아가 버리고 참으로 사람들이 나를 조롱하면 어쩌나? 상담 목회 한다더니, 뭐 선한 게 있는 가 해서 쳐다봤더니 아무것도 아니었구만…'

이렇게 생각할 것 같은 두려움과 공포가 제 마음에 확 밀려옵니다. 순간 얼마나 마음이 우울하고 힘드는지요? 얼마나 살맛이 안 나는지요? 모든 것을 다 내던지고 산속에 들어가 홀로 숨어버리고 싶은 마음이 일어납니다. 고개를 떨구고 힘없이 앉아 있었습니다.

그때 하나님이 은혜 주셔서 깨우쳐 주십니다.

"너는 누구며, 나는 누구냐?"

그때 내 마음속에 울컥하는 감동이 일어났습니다.

"하나님은 내 하나님이시고, 나는 죄인이며 피조물입니다. 나는 아무것도 아닙니다."

그때 주님이 말씀하십니다.

"네가 무슨 명예가 있고, 네가 무슨 지킬 것이 있고 네가 무엇을 주장할 것이 있느냐? 내가 잠시 너에게 주었다가 가져가는 것인데, 내가 잠시 네게 맡겼다가 가져가는 것인데, 네 것이 무엇이 있느냐?"

그때 제 마음속에서 털썩 무릎을 꿇는 엎드림이 있었습니다.

'그래요, 주님! 주님이 옳습니다.'

'나는 주님의 것이요, 주님은 나의 주인이십니다.'라는 마음속에 동의가 일어납니다. 그 순간 헛된 욕망의 거품이 일순간에 빠져나갑니다.

'아, 내가 아무것도 아닌데… 그저 살라 하시면 살고, 오라 하시면 죽어서 천국 갈 건데, 내가 내 것이라고 내 위치, 내 명예, 내 사람, 내

돈, 내 건강, … 무엇이 내 것이 있는 것처럼 내가 착각하며 살았구나.'

헛된 욕망의 거품들이 주님의 보혈로 확 씻기는데, 그 순간 얼마나 마음에 평안이 임하는지요. 마음이 얼마나 자유로운지요, 얼마나 감사한지요. 그 성도를 사랑하는 마음으로 보내며 언젠가 다시 돌아와 만나자고 축복하며 보내주었습니다. 그리고 또 생각해 봤습니다. 내 아내도, 내 자식도, 내 교회도, 내 돈도, 모든 것이 다 내 것이 아닌데, 자꾸 내 것이라고 생각했습니다. 그래서 잃어버릴까봐 두려워하고 화가 났습니다.

내 아내는 내 것이니까 나만을 위해 살아주길 바라고,
내 자식도 내 것이니까 내 뜻대로 살아주길 바라고,
내 기대를 채우지 못할 때 분노하고,
내 교회이고 내가 담임목사니까 내 뜻대로 하고 싶고,
내 건강, 내 돈이니까 지키려 하고, 빼앗길까봐 두려워하고…

이 얼마나 어리석은 마음인지요?
알몸으로 왔으니 알몸으로 가는 것인데….
나는 아무것도 아닙니다. 하나님이 나의 모든 것입니다.

욥은 너무나 놀라운 믿음을 가졌습니다. 한순간 모든 것이 다 날아갈 때 그는 재빨리 자기 위치, 본분을 찾았습니다. 모든 것이 하나님의 것이므로 자기가 아무것도 주장할 것이 없음을 알았습니다. 20절을 보십시오.

> 20 욥이 일어나 겉옷을 찢고 머리털을 밀고 땅에 엎드려 예배하며

욥이 기막힌 비극의 소식을 전해 듣자마자 어떻게 했습니까? 겉옷을 찢고 머리털을 밀고 땅에 엎드려 하나님을 경배했습니다. 그리고 이렇게 고백했습니다.

> 21 이르되 내가 모태에서 알몸으로 나왔사온즉 또한 알몸이 그리로 돌아가올지라 주신 이도 여호와시요 거두신 이도 여호와시오니 여호와의 이름이 찬송을 받으실지니이다 하고
> 22 이 모든 일에 욥이 범죄하지 아니하고 하나님을 향하여 원망하지 아니하니라

무슨 말입니까?

"하나님이 주인이십니다. 하나님이 마음대로 하실 수 있습니다."

그리고 엎드렸습니다. 그의 아내가 얼마나 답답했으면 남편더러 하나님을 욕하고 죽으라고 했겠습니까?

그러나 욥은 이렇게 말합니다.

> 욥 2:10 그가 이르되 그대의 말이 한 어리석은 여자의 말 같도다 우리가 하나님께 복을 받았은즉 화도 받지 아니하겠느냐 하고 이 모든 일에 욥이 입술로 범죄하지 아니하니라

욥은 인간이 아무것도 가지고 나오지 않은 알몸의 상태임을 인정했

습니다. 시편 103편 14절을 보면 이런 말씀이 있습니다.

> **시 103:14** 이는 그가 우리의 체질을 아시며 우리가 단지 먼지뿐임을 기억하심이로다

인생이 흙이요, 먼지에서 나왔습니다. 하나님이 아니면 인생에 귀한 것이 무엇이 있겠습니까? 자신이 먼지로부터 왔음을 기억하면 감사하지 못할 것이 아무것도 없습니다. 옷 한 벌, 밥 한 끼, 발 뻗을 수 있는 작은 공간만 있어도 감사할 수 있는 것입니다. 내 인생, 내 모든 것을 하나님께 맡기며 '하나님, 나는 종입니다'라고 고백하는 것, 이것이 하나님을 향한 무조건적 신뢰입니다.

이것이 욥의 믿음이었습니다. 하나님을 향한 욥의 절대적인 사랑이었습니다. 절대적인 사랑에서 절대적인 감사가 나옵니다. 우리에게 주어진 숙제는 이것입니다. 인생에서 내가 원하는 대로 잘 될 때에만 감사할 것인가, 아니면 어둡고 고통스러우며 이해할 수 없는 부분이 있더라도 여전히 하나님을 신뢰하고 감사할 것인가? 이는 매우 어려운 일이기 때문에 누군가는 '감사를 선택하는 전쟁'이라고 표현하기도 했습니다.

성도 여러분, 감사를 선택하시길 축원합니다. 욥의 이름은 히브리어로 '돌아오다, 회복하다'의 뜻입니다. 성경을 보면 욥은 고난을 겪기 전보다 정확히 두 배의 풍요를 선물 받으며 축복을 누립니다.

고통 뒤에는 반드시 회복과 치유, 혹은 더 큰 성장이 있습니다. 욥의 감사가 우리 모두의 감사가 되시길 축원합니다.

| 무소꼬마즉모사 |

1. 무조건 감사: 오늘 밤도 감사하고 내일도 감사로 시작하며 살 수 있게 하시니 무조건 감사합니다.

2. 소리내어 감사: 하나님, 감사합니다. 소리내어 외쳐봅니다.

3. 꼬집어 감사: 성도가 교회를 옮긴다고 하지만 그래도 하나님은 그분과 나를 모두 축복하실 것이니 마음 아파도 꼬집어 감사합니다.

4. 마음 가득 감사: 아무것도 아닌 나를 사용하시고 늘 풍성한 은혜 주셔서 지금까지 목회하게 하시니 마음 가득 감사합니다.

5. 즉시 감사: 성도가 교회를 옮긴다고 할 때 순간 마음이 뚝 떨어졌지만 하나님이 은혜 주셔서 더 충만케 하시니 지금 즉시 감사합니다.

6. 모든 것에 감사: 저는 무익한 종이지만 하나님이 나의 하나님 되시니 모든 것에 감사합니다.

7. 사람은 감감축: 헛된 욕심에 순간 사로잡혔지만 깨닫게 하시니 그 영혼을 감사하고 감사하며 또 나를 축복합니다.

| 적용과 연습 |

무소꼬마즉모사를 매일 연습합니다. 위의 예를 가지고 연습해도 좋고 자신의 삶에 적용할 것이 있으면 적어서 연습해도 됩니다.

1. 무조건 감사

2. 소리내어 감사

3. 꼬집어 감사

4. 마음 가득 감사

5. 즉시 감사

6. 모든 것에 감사

7. 사람은 감감축

| 참고도서 |

강충원. 감사진법. 2011. 서울: 좋은 생각.

전　광. 평생감사 실천편. 2011. 서울: 생명의 말씀사.

이의용. 내 인생을 바꾸는 감사일기. 2010. 서울: 아름다운 동행.

뇔르 C. 넬슨, 지니 르메어 칼라바. 소망을 이루어 주는 감사의 힘. 2010. 서울: 한문화.

감·사·설·교·집

감사하면 행복해집니다

2013년 9월 25일 초판 발행
지은이 · 심수명
등록 · 제12-177호
등록된 곳 · 서울시 강서구 수명로2길 88
발행처 · 도서출판 다세움
TEL · 02-2601-7423~4
FAX · 02-2601-7419
HOME · www.kppa.ac

총판 · 비전북
주소 · 경기도 고양시 일산구 장항동 568-17
TEL · 031-907-3927
FAX · 031-905-3927

정가 13,000원
ISBN 978-89-92750-26-4 03230

이 도서의 국립중앙도서관 출판시도서목록(CIP)은 서지정보유통지원시스템 홈페이지(http://seoji.nl.go.kr)와 국가자료공동목록시스템(http://www.nl.go.kr/kolisnet)에서 이용하실 수 있습니다. (CIP제어번호 : CIP2013018414)